MIX
Papier aus verantwortungsvollen Quellen
Paper from responsible sources
FSC® C105338

Christiane Schwarze

Frau mit Hund und Stock

Vier Kriminalerzählungen

Mauer Verlag
Wilfried Kriese
72108 Rottenburg a/N
Buchgestaltung: Wilfried Kriese
Titelbild: Helga Mosbacher
2013
ISBN 978-3-86812-311-1

Erstveröffentlichung
Im Mauer Verlag 2002

www.mauerverlag.de

Inhalt

Und bist du nicht willig

Der Hund hatte ihren Hals zwischen seinen Zähnen, minutenlang. Als er sein großes schwarzes Maul wieder schloß, setzte sie sich auf und sah in den Handspiegel. Kein Kratzer, nicht der kleinste Abdruck.
“Das hast du wirklich gut gemacht.”
Der Hovawart legte sich auf den Rücken und ließ sich den Bauch kraulen. Wie verspielt er noch war. Sie stand auf und klemmte eine alte Ledertasche zwischen die untersten Äste des Pflaumenbaumes.
“Hol und bring.”
Wedelnd rannte er zu dem Baum, sprang hoch und brachte das Objekt. Erwartungsvoll neigte er den Kopf zur Seite, und seine Augen erinnerten sie an die des Dackels, den sie als Kind so geliebt hatte. Mit Schwung warf sie eine Handvoll Hundekuchen auf die Wiese.
“Such.”
Die Nase dicht am Boden, suchte er sogleich systematisch, und jeder Erfolg wurde durch Kaugeräusche hörbar.
Gerda schlenderte in Richtung des Hauses. Es war im Fachwerkstil der zwanziger Jahre gebaut. Als sie es zum ersten Mal besichtigte, geschah etwas, das den Ausschlag gab, sich für den Kauf genau dieses Gebäudes zu entscheiden.
Sie trat durch die mit brauner Farbe dick überstrichene Tür, und noch als sie im Flur stand und mit den Besitzern über das kühle Wetter sprach, sah sie das wirkliche Wesen des Hauses.
Niemals hatte sie jemandem von dieser Gabe erzählt. Schon seit sie denken konnte, gab es diese Momente in ihrem Leben, in denen sie die Seele der Lebewesen und Dinge erkannte.
Jede Wand lächelte ihr durch großgemusterte orange-grüne Tapeten ein Willkommen entgegen. Die Dielen, durch graue Kunststoffböden zum Schweigen gebracht, knarrten aufgeregt. Beim

Blick aus dem Fenster blühten da, wo jetzt Koniferen in Reih und Glied standen, Schlehen und Kirschbäume.
Der Augenblick war so kurz, daß sie nicht einmal verpaßte, richtig auf die Frage zu antworten, ob es wohl bald Nachtfrost geben werde.

Gerda griff nach einem Karton und beschritt den schmalen Weg, der neben dem mit Heckenrosen bewachsenen Hang verlief und zum Holzschuppen führte.
Die wilden Rosen hatte sie gleich im ersten Frühjahr eingepflanzt, inzwischen wucherten sie als undurchdringliches Gebüsch. Vögel fraßen die orange-roten Hagebutten, wenige Früchte hingen noch mit eingezogener Hülle am Gezweig. Im Schuppen angekommen, legte sie einige Scheite in ihr Behältnis. Diese trug sie in die Küche und warf sie in den leeren Weidenkorb neben dem Ofen.
Dann kehrte sie zu den Holzvorräten zurück. Das wiederholte sie so lange, bis sie glaubte, die Menge werde für den Tag ausreichen.
Es waren mehrere Jahre ins Land gegangen, bis sie gelernt hatte, ihre eigene Langsamkeit zu ertragen.
Sie hob die Eisenringe des Herdes und legte zerknülltes Zeitungspapier, Späne und Fichtenscheite in das Ofenloch. Kurz darauf brannte das Feuer.
Der Hovawart fiepte vor der Balkontür, die von der Küche aus in den Garten führte. Als er hereinkommen durfte, legte er sich mitten in die Küche, so daß sie ständig um das große Felltier herumlaufen mußte.
Der Wasserkessel, der immer auf dem Herd stand, begann aus seiner Öffnung zu dampfen. Sie bereitete sich einen Tee zu.
“Dunkelfell, du kannst viel, aber lange noch nicht genug!” sprach sie ernst zu dem Hund.
“Du weißt, daß wir eine wichtige Aufgabe zu erfüllen haben. Und ich frage mich, ob wir beide das wirklich alleine schaffen.”
Wie schon so oft blätterte sie in dem Hundelexikon, das neben

farbigen Photographien die besonderen Fähigkeiten des jeweiligen Vierbeiners beschrieb.
Sie klappte das Lexikon zu. Auch heute vermochte sie keinen Entschluß zu fassen. Sofern sie das Vorhaben aber nicht unverantwortlich lange hinauszögern wollte, mußte bald eine Entscheidung getroffen werden.

Wie jeden Mittwoch studierte sie im Anzeigenblatt die Rubrik "Tiere". Da bot jemand einen Langhaardackel an. Lächelnd malte sie sich aus, diesen kleinen Gesellen mit Dunkelfell zusammen zu unterrichten. Der Gedanke war natürlich Unfug.
"Golden Retriever zu verkaufen", stand im nächsten Absatz zu lesen. Retriever galten als sehr lernfreudig und bei Bedarf auch verteidigungsbereit. Wenn sie ein Weibchen nähme, würde Dunkelfell eher akzeptieren, daß ein zweiter Hund hinzukam. Was sie ganz und gar nicht gebrauchen könnte, wären Rangeleien. Sie benötigte zwei absolut zuverlässige Begleiter.
Schließlich plante sie, am nächsten Tag diese Welpen zu besichtigen.

Der Anbieter zeigte auf den Zwinger. Ein vor Furcht bebendes kleines Fellknäuel lag zwischen bedrohlich knurrenden und zähnefletschenden Dobermännern.
Weder ein Retrieverweibchen noch andere Welpen waren zu entdecken. Da wurde ihr klar, daß sie es mit einem Zwischenhändler zu tun hatte, für den Tiere nur eine profitable Ware darstellten.
Kopfschüttelnd drehte sie sich auf dem Absatz um und fuhr nach Hause.

In der Nacht träumte sie von dem Welpen. Regungslos verharrte er hinter den Gitterstäben. Sie blickte in seine Augen und erkannte, daß er sterben würde, wenn er in diesem Gefängnis bleiben müßte.

Obwohl sie wußte, daß man solche Geschäftemacher mit einem Kauf sogar noch unterstützte, konnte sie am nächsten Morgen nicht anders handeln.
Wortlos legte sie dem Händler das Geld auf den Tisch. Zufrieden grinsend öffnete der daraufhin den Zwinger, brüllte die Dobermänner an, packte den kleinen Retriever im Nacken und reichte das zitternde Bündel weiter.

Der Hovawart knurrte den Neuankömmling böse an.
“Du riechst zu stark nach den fremden Hunden.”
Zwar brachte der Welpe für das anschließende Bad keine Begeisterung auf, aber er ließ es über sich ergehen.
Gerda kehrte in die Küche zurück, setzte sich auf den Fußboden und streichelte mit jeder Hand eines der Tiere. Dunkelfell blickte mißmutig und der Kleine ängstlich.
Das angebotene Futter rührte der Neuankömmling weder an diesem noch am nächsten Tag an.
“So geht es nicht weiter mit dir, du mußt untersucht werden!”
Auch die Tierärztin, der sie ihren Schützling vorstellte, blickte besorgt.
“Was immer geschehen sein mag, der Welpe ist völlig verstört. Versuchen Sie es mit dieser speziellen Flüssigaufbaunahrung.”

Zu Hause setzte sich Gerda erneut auf den Küchenboden, rief den Großen an ihre Seite und legte den Kleinen auf den Schoß. Mit einer Einwegspritze träufelte sie die Nahrung in das Mäulchen. Diese Prozedur erforderte zwar Geduld, aber so gelang es schließlich, dem Patienten die benötigte Menge einzuflößen.
Zwischendurch versäumte sie es nicht, auch Dunkelfell Streicheleinheiten zukommen zu lassen.
In dieser Weise verfuhr sie mehrere Tage.
Da der Neuling bei Spaziergängen schon nach kurzen Wegstrecken

nicht mehr laufen wollte, steckte sie ihn in ihre Jacke, nur der Kopf schaute oben heraus.
“So ungefähr muß sich eine Känguruhmutter fühlen”, schmunzelte sie.

Wochenlang drehte sich der ältere Hund beleidigt weg, wenn er in die Nähe des Jungtieres kam.
Eines Tages aber ließ er sich mit den Vorderpfoten nieder, das Hinterteil in die Luft gestreckt, und stupste behutsam mit seiner dicken Schnauze die Hündin an. Es war eine Spielaufforderung.

Das Retrieverweibchen wurde von Woche zu Woche bewegungsfreudiger und selbstbewußter. Unaufgefordert versuchte es, Dunkelfells Übungen mitzumachen.
Obwohl die Angelegenheit ernst und gefährlich werden würde, konnte sich Gerda oft eines Lachens nicht erwehren. Es sah einfach zu lustig aus, wenn die Kleine neben dem schwarzen Riesen stand und versuchte, bei “Stellen und verbellen” furchteinflößend auszusehen.
Natürlich wäre es eine große Hilfe gewesen, wenn eine weitere Person hätte mithelfen können, doch was geschehen sollte, mußte ein Geheimnis bleiben.
Die Monate vergingen, und beide Hunde vermochten inzwischen alle notwendigen Übungen zu absolvieren.
Viele Nächte hatte Gerda wachgelegen und über verschiedene Strategien gegrübelt.
Die Möglichkeit, die Männer zu entführen und in ihrem Keller für immer einzusperren, verwarf sie sofort als unpraktikabel. Was würde werden, wenn sie in ein paar Jahren umziehen wollte? Sollte sie die beiden dann mitnehmen? Außerdem konnten unvorhergesehene Dinge eintreten. Wenn ein Wasserrohr brach, mußte sie einen Klempner hereinlassen. Den Gefangenen könnte die Flucht gelingen, dann wäre sie selbst und vor allem das Mädchen in höch-

ster Lebensgefahr. Schließlich konnte einer im Laufe der Jahre krank werden oder sterben. Was sollte sie dann mit ihm machen? Eine Leiche im Keller, das fehlte gerade noch!
So unerfreulich ihr diese Vorstellung auch erschien, es mußte eine Vorgehensweise gefunden werden, die das Problem ein für allemal löste.
Am meisten ärgerte sie, daß es überhaupt notwendig war, sich einzumischen. Sie verspürte keinerlei Ambitionen, Privatdetektivin zu spielen, und selbst bei Fernsehkrimis hielt sie sich während der entscheidenden Szenen die Augen zu, da sie kein Blut sehen konnte.

Es wäre vermutlich unklug, sich zu sehr von allen geselligen Aktivitäten zurückzuziehen. Die Leute würden anfangen sich zu wundern und Fragen stellen. Am besten sollte sie versuchen, ein möglichst normales Leben weiterzuführen.
Als sie vor einigen Jahren gezwungenermaßen die Frührente einreichte, glaubte sie das Leben zu verlieren. Die Ärzte teilten es ihr beiläufig während der Visite mit.
"Daß Sie nicht mehr arbeiten können, ist Ihnen ja sicherlich klar."
Bis zu diesem Augenblick war es ihr keineswegs klargewesen. Sie glaubte fest daran, eines Tages in den Kindergarten, in dem sie eine Gruppe leitete, zurückkehren zu können. Doch man bescheinigte ihr Berufsunfähigkeit, und wenn sie ihre körperliche Kraft realistisch betrachtete, wußte sie, daß diese Einschätzung richtig war.
Obwohl sie morgens keinen Wecker stellte, wachte sie stets pünktlich um 6.30 Uhr auf. Ob beim Einkaufen, Spazierengehen, Zeitungslesen, in jedem Moment war der Gruppenablauf in ihren Gedanken präsent. Anfangs besuchte sie die Einrichtung noch manchmal. Die ehemaligen Kolleginnen boten ihr dann freundlich eine Tasse Kaffee an. Aber auch, wenn man sie jedesmal aufforderte, bald wieder zu kommen, verstärkten sich ihre Zweifel, ob sie das tatsächlich tun sollte. Den Ausschlag für die Entscheidung,

unter diesen Lebensabschnitt einen Schlußstrich zu ziehen, war die Frage eines Kindes, was die Frau mit dem Stock denn eigentlich hier wolle.
Es machte keinen Sinn, in der Vergangenheit zu leben, sie mußte sich eine neue Gegenwart aufbauen.

Zu Hause sortierte sie Märchenbücher, Puzzles und Holzspielzeug in einen Karton und schenkte diesen am nächsten Tag dem Kindergarten.
Anschließend schlenderte sie in ihr Lieblingscafé. Normalerweise hätte sie sich zu der Dame am Tisch neben der Kuchentheke gesellt. Vor einem halben Jahr kamen sie zufällig ins Gespräch. Ihrer Tischnachbarin fiel es seit einem Schlaganfall schwer, sich zu konzentrieren und an die Namen von Personen und Dingen zu erinnern. So pausierte sie oft mitten im Satz und suchte nach dem rechten Wort.
"Als Gedächtnistraining lerne ich Gedichte auswendig", erklärte Frau Hammermann und begann zu zitieren.
Die Kellnerin warf der Frau einen vernichtenden Blick zu, als wolle sie sagen: "Die ist doch verrückt."
Seitdem setzte sich Gerda erst recht an diesen Tisch und bat darum, etwas vorgetragen zu bekommen.
Heute allerdings wollte sie ungestört nachdenken. Deshalb nickte sie der Dame nur freundlich zu und entschied sich für einen Fensterplatz.
Leider konnte sie keine besonderen Talente vorweisen. Zu gerne hätte sie ein Klavier gekauft und Unterricht genommen. Doch sie traute es sich einfach nicht zu. Das einzige, was sie zu spielen vermochte, war ein wenig Sopranflöte. Damit brachte sie sich damals die Melodien neuer Kinderlieder bei.
Wenn es aber etwas gab, von dem sie bereits ihr ganzes Leben träumte, dann ein Instrument wirklich gut zu beherrschen.

Frau Hammermann holte den Mantel von der Garderobe, doch dann zögerte sie und kam schließlich an Gerdas Tisch.
"Ich habe Goethes Erlkönig gelernt."
"Nehmen Sie doch Platz."
Den Mantel über den Schoß gelegt, trug sie ohne die üblichen Pausen das Gedicht vor.
Zwei Stunden später erwarb Gerda im örtlichen Musikfachgeschäft zwar kein Klavier, aber wenigstens eine Altblockflöte samt Unterrichtsheften.

Nachdem sie sich systematisch alle Lektionen beigebracht hatte, trat sie einem Flötenkreis bei. Die Kaffeekränzchenmentalität lag ihr zwar überhaupt nicht, aber alleine zu spielen schien ihr langweilig.
Heute nachmittag würde sie also wie jeden Dienstag musizieren gehen. Im Grunde genommen mußte sie den Damen dankbar sein, denn alle entscheidenden Informationen über die beiden Männer hatte sie durch deren Gespräche erhalten.
Wenn sie ehrlich war, gab einer dieser Dienstage sogar den letzten Ausschlag, dem Mädchen zu glauben. Während sonst Biskuitrollen, Sonderangebote und Ehemänner die Eckpfeiler aller Gespräche darstellten, spürte sie an diesem einen Nachmittag, daß ihre Mitspielerinnen wirklich betroffen waren.
"So hätte das Gericht nicht entscheiden dürfen. Aber der Richter hat bisher alle Urteile in diesem Sinne gefällt. Die Schülerin zu guter Letzt noch wegen Verleumdung zu bestrafen, ist ein Skandal."

Dieser Satz stammte von Frau Dr. Mertens. Gerda mochte sie von allen Flötenspielerinnen am wenigsten. Es ärgerte sie, daß die Dame sich den Doktortitel ihres Gatten einverleibte, einen eigenen besaß sie nämlich gar nicht. Alle Erzählungen pflegte sie mit "Mein Mann meinte ..." einzuleiten. Außerdem sprach sie immer von "unseren Patienten". Obwohl Herr Dr. Mertens einen guten

Ruf als Orthopäde genoß, ging Gerda in eine andere Praxis, nur um nicht zu "unseren Patienten" von Frau Mertens zu gehören.
Um so verwunderlicher, ja fast unglaublich erschien es deshalb, daß gerade jene Dame einen so klaren Standpunkt vertrat und dieser sich nicht darauf stützte, daß ihr Mann derartiges geäußert hatte. Erstaunlich war es auch insofern, daß sie doch mit den besagten Herren, dem Richter und dem Leiter einer Mädchenschule, immer wieder auf diversen Festlichkeiten, im Theater oder bei Vernissagen zusammentraf.
Die Aussage mußte also der tiefsten Überzeugung ihres Herzens entspringen.
Bildete Gerda es sich nur ein, oder passierte einer dieser besonderen Momente, in denen sie mehr wahrzunehmen vermochte als andere?
Es dauerte nur Sekunden.
Sie vernahm Frau Mertens Worte wie eine zweite Stimme zu den letzten Zeilen des Erlkönigs.
"Ich lieb dich, mich reizt deine schöne Gestalt und bist du nicht willig, so brauch ich Gewalt."
"So hätte das Gericht nicht entscheiden dürfen."
"Mein Vater, mein Vater, jetzt faßt er mich an, Erlkönig hat mir ein Leids getan."
"Aber der Richter hat bisher alle Urteile in diesem Sinne gefällt."
"Dem Vater grausets, er reitet geschwind, er hält in den Armen das ächzende Kind."
"Die Schülerin zu guter Letzt noch wegen Verleumdung zu bestrafen, ist ein Skandal."
"Erreicht den Hof mit Müh und Not, in seinen Armen das Kind war tot."
Für eine Satzlänge schien die Schutzmauer aus weißen Gardinen und Häkeldeckchen weggebrochen. Es mußte ein Geheimnis geben, das Frau Mertens unter Kuchenrezepten und dem Dasein als hilfreiche Arztgattin verbarg.

Gerda murmelte etwas von plötzlicher Migräne und verabschiedete sich hastig. Frau Mertens hatte vom Erlkönig erzählt oder besser gesagt, in ihrem eigenen Kopf waren die beiden letzten Strophen erklungen.
Seit diesem Augenblick hegte sie keinen Zweifel mehr daran, daß die Schülerin ihr damals die Wahrheit anvertraut hatte.
Als sie nach Hause zurückkehrte, faltete sie eine Gebietskarte auseinander. Es gab mehrere Möglichkeiten, die ihr passend erschienen. Warum die Entscheidung gerade auf den Hainig fiel, hätte sie nicht logisch begründen können. Aber der Entschluß stand fest. Sie würde die Männer an diesen Platz bringen und dort tun, was getan werden mußte.
Es erschien ihr sinnvoll, die Hunde mit den Gegebenheiten vertraut zu machen. Deshalb fuhr sie dorthin, wann immer das Wetter sich kühl und regnerisch zeigte. Natürlich wäre es wesentlich angenehmer gewesen, Sonnentage auszuwählen. Doch sie wußte von früher, daß sich bei schönem Wetter viele Leute an diesem Ort tummelten, bei Regen die Gegend jedoch menschenleer war.

Während sie den Weg entlangschritt, erinnerte sie sich an den Tag, an dem sie zum ersten Mal den Hainig besuchte.
Es war im Frühling. Die Eltern unternahmen mit ihr einen Sonntagsausflug. Während Vater und Mutter langsam schlenderten und sich unterhielten, sprang sie mit dem Dackel voran. Rechts und links lagen Felder.
Plötzlich endete die offene Landschaft, der Weg führte in eine Schonung. Die Schatten der Bäume umschlossen den schmalen, nadelbestreuten Pfad kühl und düster. Je weiter sie lief, desto größer wirkten die Fichten, und ihr dichtes Gezweig schien sie mit grünen Händen aufhalten zu wollen. Fast wäre sie umgekehrt und zu Vater und Mutter zurückgerannt. Doch da öffnete sich der Wald. Das Licht wirkte strahlender, die Luft frischer. Auf einem fast runden Platz thronten mächtige Eichen mit durchgerissenen Leibern. Es

schien ihr, als betrete sie einen Raum, der Menschen eigentlich verwehrt war. Zögernd verlangsamte sich ihr Schritt, doch als strecke ihr jemand unsichtbar die Hand zu einem Willkommen entgegen, trugen sie ihre Füße bis in die Mitte des Kreises.
Ob das Erlebnis kurz oder lange währte, wußte sie nicht, doch von einem Moment zum anderen fühlte sie sich zurückversetzt in einen gewöhnlichen Wald. Die Eltern standen neben ihr und erklärten, dies sei der Hainig, ein ehemaliger keltischer Kultplatz, und einige der Eichen wären über tausend Jahre alt.
Es war das erste Mal gewesen, daß sie mehr gefühlt hatte als andere Menschen, und obwohl es ihr niemand sagte, wußte sie, daß sie darüber nie sprechen dürfte.

Heute sprang nicht der Dackel vor ihr her, sondern Dunkelfell und Amalasuntra, ihre Retrieverhündin, rannten durch die Felder. Als sie den Eichenhain betrat, kamen die Hunde zu ihr zurück, obwohl sie nicht gerufen worden waren.
Der Hainigturm war im achtzehnten Jahrhundert gebaut worden, damit Besucher die Aussicht genießen konnten. Er stand auf einem aufgeschütteten Hügel.
Es bereitete ihr große Anstrengung, die Treppen zu erklimmen. Auf halber Höhe befand sich ein Außenbalkon. Sie betrat ihn und stützte sich auf dem Geländer ab. Die Hunde wichen nicht von ihrer Seite.
Nach der Pause stieg sie langsam, Stufe für Stufe, weiter nach oben. Heute zeigte sich der Ausblick wolkenverhangen. Das war schade, oft würde sie so eine Strapaze nicht mehr schaffen. Es wäre schön gewesen, nach all den Jahren nochmals über die Weiten des Waldes blicken zu können. Doch sie freute sich, dem Himmel ein Stück näher zu sein. Aus der mitgebrachten Einkaufstasche entnahm sie einen gefalteten Karton. Diesen fügte sie zusammen und stellte ihn auf die niedrige Mauerkrone. Der Hovawart schien nur auf seinen Einsatz zu warten.

“Mit Kraft!”
Der große Hund senkte den Kopf und stieß den Gegenstand mit Wucht nach vorne.
Als dieser sogleich mit Leichtigkeit vom Turm heruntersegelte, schaute er verwirrt, denn von den Übungen war er schwere Objekte gewohnt, die geschoben werden mußten.
“Wenn wir das nächste Mal hier sind, wirst du alle deine Kraft brauchen.”
Sie hätte unmöglich noch einen gefüllten Sack oder etwas ähnliches mitschleifen können, es war mühsam genug gewesen, überhaupt den Turm zu besteigen. Wieder unten an dessen Fuß angelangt, hob sie den Karton auf, faltete ihn zusammen und steckte ihn zurück in die Einkaufstasche.

Sie kochte Linsensuppe, wie immer war ihr die Menge zu reichlich geraten. Natürlich könnte sie den Rest einfrieren, aber eigentlich hätte sie lieber eine Freundin zum Essen eingeladen.
Gewiß, hier im Ort gab es nette Leute, und einige wollten ihr sogar nach dem Einzug in das Haus unter die Arme greifen, damit sie Anschluß fände. So wurde sie zu Tupperwarepartys, zum Bedienen beim Feuerwehrfest und zum Vorbereitungskomitee des Weihnachtsbasars eingeladen. Aber so sehr sie auch die gute Absicht schätzte, war dies nicht ihr Weg, Kontakte zu knüpfen.
Von dem Flötenkreis hatte sie sich natürlich auch erhofft, persönlichere Verbindungen aufbauen zu können. Daß dies nicht gelang, sondern eine unüberbrückbare Fremdheit bestehen blieb, mußte nicht an den anderen liegen. Es war eine Frage der Perspektive. Zweifellos spielte alles im Leben der sieben Frauen sich so ab, wie es von Menschen in ländlicher Umgebung erwartet wurde. Zufriedenheit bedeutete, einen gekehrten Bürgersteig, Vorgärten ohne Löwenzahn und Kinder mit guten Schulnoten vorweisen zu können.

In den Krimis, die sie bisher gelesen hatte, besaßen die Leute eine Pistole, die griffbereit im Nachtkästchen lag. Stünde auch ihr eine Waffe zur Verfügung, wäre alles kein Problem. Sie bräuchte nur im passenden Moment vor die Männer zu treten und sie aufzufordern, in ihr Auto einzusteigen. Aus Angst, erschossen zu werden, würden sie kein Aufsehen erregen, sondern sich genau an die Anweisungen halten.
In ihrem Nachtschrank lagen aber nur Unterhemden, Kopfschmerztabletten und Papiertaschentücher, dies waren denkbar ungeeignete Instrumente.
Das Rätsel lautete also, wie bekam man möglichst unauffällig zwei fremde Männer in das eigene Auto?
Zum ersten Mal stellte sie sich heute auch die Frage, ob die Schülerin sie nicht verraten könnte. Natürlich nicht in dem Sinne, daß sie Einzelheiten mitteilte, die kannte sie ja gar nicht. Aber wenn sie bei der Polizei oder auch nur bei Bekannten von der Nacht im Krankenhaus erzählte, konnte dies der entscheidende Hinweis darauf sein, daß die Männer keinen Freitod gesucht hatten.
Sie hatte das Mädchen während einer ihrer langmonatigen Krankenhausaufenthalte kennengelernt. Und eigentlich nicht einmal das, sie lagen lediglich eine Woche in demselben Raum.
Im November wurde ein Bett mit einer, wie sie schätzte, Fünfzehnjährigen hereingeschoben. Sie grüßte nicht, wirkte völlig in sich zurückgezogen. Als die Neue am dritten Tag immer noch keinen Besuch erhielt, fragte Gerda leise die Krankenschwester nach dem Grund.
“Die Schande”, flüsterte die Schwester.
Sie konnte die Erklärung nicht begreifen. In der Zeit ihrer Jugend galt es als Schande, wenn ein unverheiratetes Mädchen schwanger wurde. Aber glücklicherweise waren diese Zeiten vorbei, und außerdem läge es dann doch wohl eher in einer geburtshilflichen Abteilung.
Üblicherweise pflegte Gerda in eine andere Richtung zu schauen,

wenn Zimmergenossinnen verbunden wurden oder Spritzen erhielten. Wenigstens dieses Mindestmaß an Privatsphäre wollte sie den anderen gönnen. Doch jetzt beschloß sie, unauffällig hinzusehen.
Eine Helferin wickelte der jungen Patientin die Verbände ab, tiefe Schnittwunden durchzogen deren Arme. Offensichtlich handelte es sich um einen Selbstmordversuch.
Sollte das die Schande sein, von der die Rede war? Vielleicht ging es um eine unglückliche Liebesgeschichte?
Gerda fühlte in zunehmendem Ausmaß Beunruhigung in sich aufsteigen. Meine Güte, wenn eine Jugendliche sich aus Verzweiflung das Leben nehmen wollte, war es doch wirklich schlimm genug. Daß nun die Reaktion einzig und allein daraus bestand, Verbände zu wechseln und Fieber zu messen, konnte sie nicht nachvollziehen.
Am vierten Tag hielt sie es nicht mehr aus und setzte sich zu der stillen Bettnachbarin. Sie versuchte nicht, ein Gespräch zu beginnen.
Als sie am Abend des fünften Tages genauso verfuhr, sah das Mädchen sie an. Sie schauten einander in die Augen. Nach langem Schweigen murmelte ihr Gegenüber: "Ich bin Ruth."
In der Nacht des sechsten Tages erwachte Gerda durch ein leises Schluchzen. Ohne zu überlegen, was die Schwester dächte, wenn sie unverhofft in den Raum käme, legte sie sich zu der Bettnachbarin und wiegte sie in ihren Armen. Das Mädchen weinte und weinte, und plötzlich meinte Gerda die Stimme von Frau Hammermann zu vernehmen: "Ich lieb dich, mich reizt deine schöne Gestalt und bist du nicht willig, so brauch ich Gewalt."
In dieser Nacht erzählte Ruth die Dinge, die geschehen waren und die ihr niemand glauben wollte.
Im nachhinein begriff Gerda selbst nicht, wieso sie dem Mädchen das Versprechen gegeben hatte, aber sie bereute es auch nicht.

Ganz im Gegenteil, je länger sie darüber nachdachte, desto mehr fand sie es die einzig richtige Reaktion.
"Versprich mir, daß du weiterlebst, dann verspreche ich dir, daß ich alles tun werde, daß es nie wieder geschieht und alle Welt erfährt, daß du damals nicht gelogen hast."
Die Schülerin drückte ihre Hand.
Am Morgen des siebenten Tages wurde das Mädchen entlassen.
Gerda fühlte mit unerklärlicher Sicherheit, daß sie keinen Verrat zu befürchten brauchte.
Ruth würde schweigen.

Ab und zu hatte Gerda sich auf ihren Spaziergängen mit der Schäferin unterhalten. Manchmal nahm sie auch die Einladung an, sich auf deren Klappstuhl zu setzen und eine Weile zu bleiben. Immer wieder beeindruckte es sie aufs neue, wie gut der Briard es schaffte, die Herde zusammenzuhalten. Die Schäferin erklärte, diese französischen Hirtenhunde bräuchten das Hüten gar nicht allzu intensiv zu üben.
Neugierig erkundigte sich die Zuschauerin, ob Dunkelfell und Amalasuntra das auch lernen könnten.
"Vielleicht nicht so perfekt, aber wenn Sie Lust haben, probieren Sie es doch aus."
Dies tat Gerda eine Weile später tatsächlich. Zunächst bescherten die Versuche dem Briard allerdings nur die doppelte Arbeit. Der Hovawart und die Retrieverhündin rannten und bellten nämlich so wild um die Herde herum, daß die Schafe erschrocken das Weite suchten. Ihr treuer Wächter mußte sie dann wieder zurückführen.

Das fehlte ihr gerade noch: Mäuse in der Speisekammer! Sie kaufte drei Lebendfallen, legte Speckstreifen hinein und hoffte, so die ungebetenen Gäste loszuwerden.
Im Kindergarten hatte sie die Bilderbuchabbildungen der kleinen Nager mit den großen Knopfaugen immer süß gefunden. Als sich

aber nach einer Woche immer noch keine einzige fangen ließ und ihr vor dem Frühstück eine Maus aus der Müslitüte entgegenblickte, riß ihr der Geduldsfaden. Im Keller lagen noch mengenweise Schnappfallen von den Vorbesitzern. Diese stellte sie nun entschlossen in jeder erdenklichen Ecke der Speisekammer auf. Am nächsten Morgen konnte sie den Erfolg begutachten.

Wie um Himmels willen sollte sie jedoch nun das Opfer loswerden? Allein die Vorstellung, die Falle anzufassen und mit der exekutierten Maus hinaus zum Mülleimer zu gehen, grauste sie. Sie schloß also erst einmal die Tür der Kammer, kochte Kaffee und dachte nach. Ob es möglich wäre, jemanden zu bitten, ihr diese Arbeit abzunehmen? Aber wer käme in Frage? Die Damen des Flötenkreises jedenfalls nicht.

Auch wenn der Zusammenhang unsinnig war, ging ihr die Frage durch den Kopf, ob eine, die zu feige war, tote Mäuse zu entsorgen, überhaupt die Aufgabe, die sie sich gestellt hatte, bewältigen könnte?

Entschlossen trennte sie von der Küchenrolle ein Papiertuch ab, umfaßte die Falle, ging zum Mülleimer, öffnete den Mechanismus und hörte einen leisen Aufschlag.

Leider war sie in ihrem Leben nie besonders mutig gewesen. Ob sie diese Eigenschaft üben könnte? Irgendwelche schwindelerregenden Klettertouren im Gebirge, Drachenfliegen oder Wanderungen durch die Wüste kamen jedenfalls nicht in Frage.

Aber sie könnte etwas anderes tun. Lange nicht so spektakulär und für Außenstehende völlig bedeutungslos. Niemand würde ihr dafür anerkennend auf die Schulter klopfen, und nicht einmal ihre Mitspielerinnen fänden etwas Besonderes dabei.

Sie nahm den Stadtplan von Frankfurt zur Hand und suchte ein Museum am Ufer des Mains aus. In großen Städten Auto zu fahren, war ihr immer wie eine Urwaldexpedition erschienen. Sie fürchtete, sich zu verirren oder nicht schnell genug die Spur zu wechseln.

Außerdem bildete sie sich ein, aus zehn Meter Entfernung sei ihr anzusehen, daß sie vom Lande kam.

Diese Gedanken hatte sie nie jemandem anvertraut, denn wer würde es nicht albern oder verschroben finden?

Aber wenn sie üben wollte, mutiger zu werden, mußte sie ja mit irgend etwas anfangen.

Sie beschloß also, nach Frankfurt ins Museum zu fahren.

Eineinhalb Stunden später erreichte sie den betonverbauten Außenrand der Stadt. Nach mehreren erfolglosen Versuchen, die Spur zu wechseln, paßte sie sich dem forscheren Fahrstil an, blinkte und zog den Wagen einfach hinüber.

Anfänglich meinte sie, es werde jeden Moment einen Zusammenstoß geben, doch nichts Derartiges geschah.

Da es kaum freie Halteplätze gab, mußte sie sich entscheiden, entweder einen weiten Fußweg in Kauf zu nehmen oder sich in eine enge Lücke zu zwängen. Also wagte sie das Manöver und schaffte es auch tatsächlich, das Auto einzuparken, ohne an die anderen Fahrzeuge zu stoßen. Nach dem Aussteigen überquerte sie die Straße, betrachtete den Main, die Häuser, die sich an seinem Ufer aufreihten, und eine steinerne Brücke.

Sie hatte es geschafft! Dafür sollte sie sich, bevor sie den Hort der Kunst betrat, ein Stück Torte gönnen.

Obwohl die anwesenden Gäste teure Kleidung trugen und die Garderobe mit Pelzmänteln vollhing, fühlte sie sich ebenbürtig. Zufrieden löffelte sie die überteuerte Sahnetorte und feierte die bestandene Mutprobe.

Noch in demselben Moment, in dem sie vor ihrem Haus den Motor abstellte, merkte sie, daß etwas nicht stimmte. Üblicherweise bellten die Hunde bereits voller Freude und Ungeduld, bevor sie überhaupt aus dem Auto ausstieg. Heute aber blieb es still. So schnell sie es vermochte, lief sie in den Garten. Dort warteten die zwei für gewöhnlich, wenn sie für ein paar Stunden unterwegs war.

Auf ihr Rufen erfolgte jedoch keine Reaktion. Plötzlich entdeckte sie unter dem Zaun ein Loch. Anscheinend hatten die Hunde kräftig gewühlt und dann beim Versuch hinauszukriechen mit dem Rücken den Maschendraht nach oben gedrückt.
Was sollte sie nun tun?
Gewiß, die beiden würden früher oder später von selbst zurückkommen. Aber andererseits drohten ihnen auch Gefahren. Sie könnten von einem Jäger erschossen oder von einem Auto verletzt werden. Sie mußte also versuchen, die Ausreißer zu finden.
Obwohl sie die gesamte Umgebung absuchte, waren Amalasuntra und Dunkelfell wie vom Erdboden verschluckt.
Unverrichteter Dinge kehrte sie nach Hause zurück. Es dämmerte bereits.
Als sie Teewasser aufsetzte, klingelte es.
Vor der Haustür stand eine Frau, wedelnd links und rechts von ihr die beiden Hunde.
“Die haben Sie doch sicher schon vermißt.”
“Ich habe sie überall gesucht, wo waren sie bloß?”
“Darf ich reinkommen?”
“Ja natürlich, gerne. Woher wußten Sie, daß die beiden hierher gehören?”
“Ich öffnete die Adressenkapsel am Halsband.”
Im Haus war es noch kalt. Die Fremde bot an, ein Feuer zu machen.
“Sie wollten doch gerade Tee zubereiten.”
“Woher wissen Sie das?”
Da bemerkte Gerda, daß sie die leere Teekanne in der Hand hielt.
Das Wohnzimmer erwärmte sich bald, und die Frau berichtete von den Begebenheiten des Nachmittages.
“Ich befand mich auf dem Hundeübungsplatz, da spazierten die zwei einfach herein. Erst amüsierte ich mich, weil sie sich wie selbstverständlich zu meinem Hund gesellten, dann aber kam ich aus dem Staunen nicht mehr heraus. Sie absolvierten alle Übungen

mit Bravour. So gut ausgebildete Tiere habe ich selten gesehen. Ich möchte Sie bitten, mir die Adresse des Trainers zu nennen, bei dem sie ihre Abzeichen gemacht haben."
"Welche Abzeichen?"
"Nur keine falsche Bescheidenheit. Ich wette, sie haben bereits diverse Medaillen gewonnen. Wissen Sie, es gibt da ein Problem. Ich benötige aus beruflichen Gründen einen wirklich gut ausgebildeten Hund. Unser Übungsanleiter kommt mit meinem aber nicht gut zurecht, oder vielleicht sollte ich sagen, meine Hündin kommt mit ihm nicht zurecht. Wenn sie aber nicht die Schutz- und Suchhundeprüfung besteht, muß ich sie abgeben."
"Amalasuntra und Dunkelfell besitzen keine Zertifikate."
Die Besucherin blickte Gerda irritiert an.
"Bitte geben Sie mir die Adresse des Trainers, ich möchte meine Hündin so gerne behalten."
"Es gibt niemanden. Ich habe ihnen selbst lediglich ein paar Sachen beigebracht."
Im Raum herrschte Stille.
"Wo bilden Sie aus? Ich möchte uns dort anmelden."
"Nirgends. Ich halte schon immer eigene Hunde und wollte sie nur ein wenig beschäftigen."
Erneut entstand eine Schweigepause.
"Ich will Sie nicht drängen. In einer Woche komme ich noch einmal vorbei, wenn ich darf. Bitte überlegen Sie, ob Sie mir helfen wollen."
"Wo arbeiten Sie überhaupt?"
"Bei der Polizei."

Nachdem der unerwartete Besuch gegangen und Gerda wieder alleine war, schüttete sie sich ein Gläschen Portwein ein.
"Na Prost!", sagte sie und schaute Dunkelfell und Amalasuntra an.
"Da habt ihr mir ja was eingebrockt."

Warum passierte das gerade jetzt, wo sie niemanden in ihrem Leben weniger gebrauchen konnte als eine Polizistin!
Eigentlich wäre alles ganz einfach, wenn sie nächste Woche die Bitte ablehnen würde. Aber sie mußte sich eingestehen, daß sie auch stolz auf das Lob der Fremden war. Ihr lag es schon immer, mit Hunden zu arbeiten. Während manche gelernten Ausbilder die Schützlinge wie Rekruten beim Militär behandelten, erzog sie die Tiere mit ruhiger Stimme, Konsequenz und sicherer Ausstrahlung.
Es war ihr nicht bange vor der Aufgabe, die junge Hündin zur Bewältigung aller Prüfungen zu befähigen. Auch rechnete sie es der Polizistin an, nicht einfach das Tier austauschen zu wollen.
Gerda schenkte sich ein zweites Glas ein.
Obwohl sie befürchtete, die größte Dummheit ihres Lebens zu begehen, freute sie sich auf die nächste Woche.

Durch die Gespräche der Damen im Flötenkreis kannte sie die Adressen der Männer. Obwohl sie keine große Lust dazu verspürte, mußte sie einen Anfang machen und mehr über die Lebensgewohnheiten der beiden herausfinden. Zu diesem Zweck packte sie einen Korb mit belegten Brötchen, Pfefferminzbonbons und einer Thermoskanne mit Kaffee zusammen. Außerdem zog sie Angora-Unterwäsche an, um sich sich beim Warten nicht zu erkälten.
Der Schulleiter wohnte in einem Reihenhaus im Neubaugebiet des benachbarten Städtchens.
Sie parkte ein Stück weiter entfernt, aber mit guter Sicht auf den Vorgarten und den Eingangsbereich.
Eine Stunde später kam eine Frau zu Fuß mit zwei Einkaufstaschen und betrat das Gebäude.
Nach zwei weiteren Stunden fuhr ein Auto in die Garageneinfahrt. Kurz darauf stieg ein Mann aus, ging zu der Tür, steckte einen Schlüssel in das Schloß und verschwand im Flur.
Das mußte er sein. Nun wußte sie schon einmal, wie er aussah.

Um den anderen Mann zu sehen, brauchte sie nicht gelangweilt im Wagen zu warten, sondern gesellte sich als Zuschauerin eines Prozesses in den Gerichtssaal.
Es ging um ein Eigentumsdelikt. Der Täter erhielt eine Strafe, die weit über die Forderung des Staatsanwaltes hinausging.

In der Zeitung wurde bekanntgegeben, daß am nächsten Wochenende Tage der offenen Tür in der Mädchenschule stattfinden sollten. Sie beschloß, diese Gelegenheit auszunutzen.
Heute war jedoch erst Mittwoch, der Tag, an dem die Polizistin kommen wollte.
Ob sie etwas kochen sollte? Oder nur ein Getränk anbieten? Sie beschloß, für sich selbst ein Mahl zuzubereiten. Wenn die Besucherin mitessen wollte, war bei den Mengen, die sie sowieso immer herstellte, genug Essen für zwei da.
Die Stunden schienen ihren Lauf verlangsamt zu haben. Das Gartenbuch, welches sie voller Interesse jeden Tag ein Stück studierte, langweilte sie heute. Sie wagte nicht einmal, für die Länge eines Hundespaziergangs das Haus zu verlassen, um nicht einen möglichen Anruf zu versäumen.
Die Frau könnte es sich inzwischen überlegt oder einen anderen Trainer gefunden haben. Möglicherweise mußte sie unerwartet doch im Dienst bleiben, ihr Auto konnte kaputtgegangen oder die Hündin krank geworden sein.
Meine Güte, sie hätte schon längst einmal wieder die Fenster putzen und die Regale abstauben sollen. Mit Wischlappen, Eimer und Schmierseife bewaffnet, brachte sie die Zeit herum, bis sie endlich anfangen konnte zu kochen. Selbst wenn die Fremde jetzt noch kurzfristig absagen sollte oder einfach gar nicht erschien, hatte sie doch zumindest eine in allen Ecken geputzte Wohnung, das war doch auch nicht schlecht.
Gerade zog sie den Blumenkohlauflauf aus dem Backofen, da klingelte es.

Sie öffnete die Tür.
“Bei Ihnen duftet es ja lecker, da läuft mir das Wasser im Mund zusammen.”
“Haben Sie Hunger?”
“Und wie, ich komme gerade von der Arbeit.”
“Essen Sie doch mit, es ist sowieso zu viel für mich alleine.”
Als habe sie dies schon viele Male getan, setzte sich die Besucherin an den Küchentisch und lud sich eine große Portion auf den Teller. Sie schien mit gutem Appetit gesegnet zu sein, und aß mindestens doppelt so viel wie ihre Gastgeberin.
“Ach, war das köstlich, ich bekomme selten etwas Vernünftiges in den Magen. Meistens bin ich so müde, wenn ich heimkomme, daß ich es nur noch schaffe, eine Tiefkühlpizza oder ein Päckchen Fertigspaghetti heiß zu machen.”
“Wenn Sie wegen der Hündin sowieso kommen, essen Sie doch einfach hier mit”, rutschte es Gerda heraus.
Die Frau strahlte.
“Die Antwort lautet also ja? Sie wissen gar nicht, wie ich mir das gewünscht habe!”
“Ich bilde nicht direkt den Hund aus, sondern leite Sie an, dies zu tun. Dann werden sie ein viel besseres Team.”
“Darf ich Gerda sagen? Ich bin Clara und das ist Grün.”
“Grün? Ist das nicht ein etwas ungewöhnlicher Name für einen Polizeihund?”
“Ja, aber Hasso, Bello, Goldi oder so etwas in der Art finde ich gräßlich. Als Welpe trug die Kleine einen grünen Punkt im Ohr, zur Unterscheidung von den Geschwistern.”
Gerda nickte und erläuterte die erste Lektion.

Am Samstag besuchte sie gegen sechzehn Uhr die Schule. Diese Zeit erschien ihr günstig, da Kaffee und Kuchen bestimmt viele Gäste anlockten. Um so mehr Leute sich dort tummelten, um so weniger würde ihr Dasein auffallen.

Die Schülerinnen stellten als Ergebnisse des Kunstunterrichtes Holzwaren, Bienenwachskerzen und Töpfereiprodukte aus. In der Lehrküche dampfte und brutzelte es. Gerne probierte Gerda die dargebotenen selbstgebackenen Waffeln. Beim Eintreten in den Musiksaal entdeckte sie den Schulleiter. Er sprach mit zwei Vertretern der Presse. Als diese ihn photographieren wollten, rief er zwei Mädchen herbei, plazierte sie rechts und links von sich, legte die Arme um ihre Schultern und ließ sich ablichten.
Gerda drehte sich um und verließ das Gebäude. Ihre gute Laune war verflogen.

Wie schon so oft, fragte sie sich, warum der Richter damals den Schulleiter freigesprochen hatte. Er war weit und breit für seine harten Strafen bekannt; auch dafür, gerne Umstände, die Angeklagte entlasteten, als nicht relevant abzutun. Nach allem, was die Damen im Flötenkreis erzählten, sprachen sämtliche Fakten dafür, daß die Beschuldigungen den Tatsachen entsprachen. Was verbarg sich hinter diesem Widerspruch? Gab es eine Verbindung zwischen den beiden?
Hätte sie doch bloß ein besseres Verhältnis zu Frau Mertens gehabt. Es war überdeutlich zu spüren, diese Dame wußte mehr, als sie preisgab! War nicht letztens die Rede von Vernissagen und Theateraufführungen, die beide Herren ebenfalls besucht hatten? Die Parallelen konnten natürlich rein zufällig zustande gekommen sein, schließlich handelte es sich um die Treffpunkte der sogenannten besseren Gesellschaft des Städtchens. Aber vielleicht verband den Richter und den Schulleiter ja doch noch mehr miteinander?

An diesem Dienstag begab sie sich mit selbstgebackenem Apfelstrudel zum Flötenkreis. Reihum buk immer eine andere der Frauen Kuchen und brachte ihn mit.

Es gelang ihr, sich an das Tischchen mit den zwei Sesseln zu setzen, an dem Frau Mertens bereits Platz genommen hatte.
Sie bemühte sich, ihr Gegenüber in ein Gespräch zu verwickeln, und lenkte das Thema auf die Schulzeit. Der Versuch erwies sich als Treffer, voller Stolz legte die selbsternannte Frau Doktor ihre humanistische Bildung in allen Einzelheiten dar.
Auch wenn Gerda insgeheim fand, daß Latein und Griechisch keineswegs Voraussetzungen waren, um sich zu einem denkenden Menschen zu entwickeln, erkannte sie durchaus die Leistung an, in den damaligen Zeiten als Mädchen das Abitur erworben zu haben.
"Früher ging man grundsätzlich in reine Mädchen- oder Jungenschulen. Die hiesigen lagen genau nebeneinander, von einer hohen Mauer getrennt. Auf unserer Seite lief immer eine Nonne auf und ab, damit keine Briefe über die Grenze geworfen wurden."
Die Wangen der Erzählerin röteten sich, die Augen glänzten, und ihre Stimme wurde einen Ton heller.
"Natürlich haben wir erst recht Nachrichten ausgetauscht, wir machten es zu unserem Pausensport. Wer es schaffte, die meisten Zettel hinüberzubekommen oder von dort aufzufangen, galt als die Mutigste. Die Ärmsten, die erwischt wurden, erhielten eine saftige Standpauke wegen unsittlichen Betragens und eine Woche Nachsitzen. Zur Strafe mußten die Sünderinnen Abschnitte aus dem katholischen Katechismus abschreiben. Da ich im Weitwurf besonders gut war, schaffte ich es oft, an einen kleinen Stein gebundene Botschaften über die Mauer zu bringen. Aber ich habe auch häufig genug den Katechismus abgeschrieben", seufzte sie lächelnd.
"So lernte ich auch meinen Mann kennen."
"Womit wir wieder beim Thema wären", stöhnte Gerda insgeheim, ließ sich aber nichts anmerken. Statt dessen fragte sie mit möglichst ruhiger Stimme: "Waren der Richter und der Schulleiter, von denen letztens die Rede war, auch auf dem Jungengymnasium?"

Frau Mertens verschüttete Kaffee aus ihrer Tasse, die blütenweiße Leinentischdecke wurde durch einen braunen Fleck besudelt. Sie schien es nicht einmal zu bemerken. Statt aufgeregt mit einem Papiertaschentuch auf dem Fleck herumzutupfen, wie sie das sicherlich sonst getan hätte, starrte sie in sich gekehrt in die Luft.
"Die beiden besuchten dieselbe Klasse, mehrere Jahrgänge über mir. Als sie kurz vor dem Abitur standen, ging ich in das siebte Schuljahr."
"Hatten sie etwas miteinander zu tun?" fragte Gerda leise.
"Wir Mädchen fürchteten uns vor ihnen. Sie luden uns immer in eine Hütte im Wald ein, die sie als Clubhaus benutzten. Angst bräuchten wir keine zu haben, sie wären doch Kavaliere und wir junge Damen. Aber keine von uns wollte mit dorthin gehen."
Frau Mertens Lippen zitterten. Sie schien die laut plaudernde Kaffeegesellschaft um sich herum gar nicht wahrzunehmen.
"Was geschah dann?" flüsterte Gerda.
"Unsere Schule feierte fünfzigjähriges Jubiläum. Die Schüler und Lehrer des Jungengymnasiums waren auch eingeladen. Auf dem Fest durfte sogar getanzt werden. Zum Schluß wurde den Mädchen der jüngeren Jahrgänge, deren Eltern nicht an der Feier hatten teilnehmen können, jeweils zwei ältere Schüler als Heimwegbegleitung zugeteilt.
Die Nonnen erklärten, sie seien unsere Ritter, damit uns unterwegs in der Dunkelheit nichts zustieße. Mir wurden als Beschützer Rudolph und Walther bestimmt. Ich wollte lieber alleine gehen, aber die Ordensschwestern ließen das nicht zu. ‚Du hast ein Stück durch freies Feld zu laufen, das ist viel zu gefährlich.' Kaum hatten wir die Häuser hinter uns gelassen, zwangen sie mich, mit in das Clubhaus im Wald zu kommen."
"Genug geplaudert!" Frau Weingärtner klatschte in die Hände: "An die Arbeit, meine Damen."

Nach und nach gaben Dunkelfell und Amalasuntra leidlich gute

Hilfshütehunde ab. Die Schäferin machte die ganze Prozedur allerdings eher wegen Gerdas Gesellschaft mit, als daß sie von diesen Helfern eine Arbeitserleichterung erwartete. Vermutlich war sie auch ein wenig stolz, denn die andere Hundebesitzerin konnte sich bemühen, wie sie wollte, der Briard war und blieb dem Hovawart und dem Retriever weit überlegen.
Von diesen Übungen erzählte Gerda der Polizistin nichts. Die Sache erschien ihr im Grunde genommen nämlich etwas kindisch, aber es machte einfach Spaß.

Heute würde Clara um 15.00 Uhr kommen. Bevor sie anfingen mit den Hunden zu üben, sollten sie Kaffee trinken. Es könnte nicht schaden, etwas zu backen. Zwar wurde ihr Apfelstrudel überall gerne gegessen, doch er erinnerte sie zu sehr an die Unterhaltungen im Flötenkreis. Sie entschied sich für einen Nußkuchen.

Obwohl dieser noch nicht vollständig ausgekühlt war, schnitt sich Clara sofort nach dem Betreten der Küche zwei dicke Stücke ab und legte sie auf einen Teller. Von dem Verwendungszweck des Gäbelchens schien die Polizistin noch nichts gehört zu haben, denn sie aß mit den Händen. Sie verhielt sich wie eine ausgehungerte Wölfin und schien nicht das geringste Schuldbewußtsein zu empfinden, als sie das vierte Stück vertilgte. Gerda mußte grinsen. So ein Benehmen wäre bei ihren Damen undenkbar. Sie wunderte sich über sich selbst, daß ihr all dies nicht ungehobelt erschien, sondern sie sich im Gegenteil freute, als ihr Besuch sich tatsächlich noch ein fünftes Mal bediente.
Die Polizistin störte sich nicht einmal an den Krümeln, die reichlich um den Teller herumlagen. Wäre sie nicht zu höflich dazu gewesen, hätte Gerda laut gelacht, als ihre Besucherin den Tisch säuberte, indem sie die Reste einfach mit der Hand auf den Boden wischte. Die Hunde freuten sich über den unerwarteten Segen von

oben und ließen im wahrsten Sinne des Wortes kein Krümelchen übrig.
Spätestens in diesem Moment wären ihre Mitspielerinnen einer Ohnmacht nahe gewesen. Allein die Vorstellung, die Damen hätten gerade mit am Tisch Kaffee getrunken, ließ Gerda – alle Benimmregeln vergessend – laut loslachen.
“Was ist?” fragte ihr Besuch etwas verwirrt.
“Ich freue mich, daß du da bist.”

Sie hätte nicht erklären können, was sie sich davon erhoffte, aber sie fuhr erneut in die Nähe des Reihenhauses.
In der Straße war es so still wie auf dem städtischen Friedhof. Was taten die Menschen bloß den ganzen Nachmittag in der Wohnung? Verspürten sie kein Bedürfnis, spazierenzugehen oder Bekannte zu besuchen? Sie konnten doch nicht nur fernsehen.
Schließlich, nach fast drei Stunden Warten, fuhr ein Auto direkt bis vor das Haus. Der Richter stieg aus, er trug einen blauen Trainingsanzug. Bevor er dazu kam, die Klingel zu betätigen, öffnete sich die Tür, und der Schulleiter stand in Sportkleidung vor ihm. Zu zweit joggten sie in Richtung Wald. Also waren sie nicht nur in der Jugend befreundet gewesen und trafen sich zufällig bei Ereignissen des gesellschaftlichen Lebens. Noch heute pflegten sie Gemeinsamkeiten. Sie merkte sich, welchen Waldweg die beiden einschlugen.

Während der Rückfahrt überkam sie Lust, etwas zu tun, was sie noch nie getan hatte. Schon als junge Frau wäre sie gerne einmal in die Oper gegangen. Doch sie hatte sich nicht in die heiligen Hallen der Kunst hineingewagt. So war der Wunsch schließlich fast in Vergessenheit geraten.
Zu Hause blätterte sie im Veranstaltungskalender. In Frankfurt wurde Beethovens “Fidelio” aufgeführt. Ohne lange nachzudenken, rief sie Clara an und lud sie zum Mitkommen ein.

"Ich fahre ungern im Großstadtverkehr", lautete die Antwort.
"Mir macht das nichts aus."
Gerda meinte, in der Stimme ihres Gegenübers Erstaunen wahrzunehmen.
"Ja gut, dann bis nachher."
Es dauerte nicht lange, und ihre Mitfahrerin stand vor der Tür.
Lächelnd betrachteten sie einander, bisher kannten sie sich nur in hundetauglicher Alltagskleidung.
Als habe sie ihr Leben lang nichts anderes getan, steuerte Gerda das Fahrzeug über die Autobahn, durch die Innenstadt und parkte in der Tiefgarage bei der Oper.
"Hast du nachts keine Angst? Mir sind Tiefgaragen immer unheimlich."
"Wieso, ich habe doch Polizeischutz", lachte Gerda gutgelaunt.

Im Anschluß an die Vorstellung lud Clara sie ein, etwas trinken zu gehen.
"Ich habe ein Attentat auf dich vor."
"Nicht noch ein Hund", protestierte Gerda.
"Es handelt sich zwar auch um Vierbeiner, aber in einer anderen Angelegenheit. Die Polizei erhielt Hinweise, daß einer der hiesigen Tierärzte die Landwirte mit verbotenen Medikamenten und Masthilfen versorgt. Wir sind der Angelegenheit nachgegangen, konnten jedoch keine konkreten Beweise erbringen. Unser Chef hat angeordnet, die Ermittlungen einzustellen. Aber ich werde das Gefühl nicht los, daß an der Sache etwas dran ist."
"Was wäre denn so schlimm daran?"
"Die Gabe von Hormonen und bestimmten Medikamenten ist verboten, da sie für Menschen gesundheitsschädlich sind."
"Du meinst, wenn die Leute nichtsahnend ihr Schnitzel essen?"
"Genau. Das Problem ist also, ich kann mich nicht weiter um die Angelegenheit kümmern. Da kam mir der Gedanke, ob du nicht

vielleicht dem Tierarzt mal etwas näherrücken könntest, Fotos machen, dich umschauen."
Gerda dachte gleichzeitig "Nein" und "Ja".
Nein, weil sie ihr eigenes Vorhaben hatte, doch das konnte sie Clara schlecht erklären.
Ja, weil sie in sich ein Kribbeln aufsteigen fühlte. Die Tatsache, daß die Polizistin ihr die Sache anvertraute und sie fragte, machte sie ganz aufgeregt.
"Hier ist eine Liste der verbotenen Präparate."
"Ich mach' es eher nicht", erwiderte sie. Dennoch steckte sie das Blatt ein.

Wenn die Hunde sowieso gegen Tollwut geimpft werden mußten, konnte sie es ebensogut bei Dr. Wirth tun. Gerda fuhr mit Amalasuntra und Dunkelfell dorthin.
Sie wußte nicht, was sie sich erhofft hatte. Daß die verbotenen Mittel stapelweise offen in den Räumen herumlagen, war ja wohl unrealistisch. Trotzdem empfand sie eine gewisse Enttäuschung, als sie eine völlig unauffällige Praxis mit einem in keiner Weise kriminell wirkenden Arzt vorfand.
Sie machte es Clara beim nächsten Treffen unmißverständlich deutlich.
"Ich bin Frührentnerin und keine Privatdetektivin. Auch wenn ich dich gerne unterstützen würde, kann ich mir nicht vorstellen, den ortsansässigen Tierarzt zu beschatten. Wie hast du dir das denn vorgestellt? Soll ich ihm in die Schweineställe hinterherschleichen und seinen Koffer inspizieren?"
Die Polizistin nickte und versuchte nicht, sie umzustimmen.

Am Sonntag faltete sie die Gebietskarte auseinander und suchte den Ausgangspunkt, von dem der Schulleiter und der Richter letztens losgejoggt waren. Mit dem Finger folgte sie dem sich daran anschließenden Weg. Es gab mehrere Querverbindungen. Sie fuhr in den Wald und hoffte, nicht dem Förster zu begegnen, denn das Befahren war eigentlich verboten. Wenn die beiden heute um dieselbe Zeit zusammen laufen würden, müßten sie in etwa einer halben Stunde hier vorbeikommen. Sie wendete das Fahrzeug und fuhr etwa hundert Meter zurück. Nach zwanzig Minuten stieg sie aus, ging zu Fuß in Richtung der Gabelung und versteckte sich im Gebüsch. Amalasuntra und Dunkelfell mußten sich hinlegen. Es dauerte tatsächlich nicht lange, und zwei Männer kamen im zügigen Laufschritt des Weges. Die Hunde wollten anschlagen, doch Gerda flüsterte: "Seid still." Da gaben sie keinen Laut von sich, auch nicht, als Rudolph Hardenberg und Walther Wagner nur wenige Schritte entfernt von ihnen vorbeiliefen.

Während das Suchen und Bringen von Gegenständen zu Dunkelfells Lieblingsübungen gehörte, lief Grün gelangweilt an den Objekten vorbei und wühlte statt dessen lieber eifrig nach Mäusen. Zwar gelang es ihr nie, tatsächlich eine zu erwischen, aber sie kam dennoch immer glücklich und mit dreckverschmierter Schnauze zurück.

Erst als Gerda auf die Idee kam, etwas zu fressen in eine alte Handtasche hineinzulegen, interessierte sich die Hündin für den Fund. Nachdem sie begriff, daß die Ausführung der Übung nicht nur mit Lob, sondern auch noch einem kleinen Anerkennungshäppchen verbunden war, entwickelte sie sich zu einer Schnellsucherin und hatte so manches Mal noch vor den beiden anderen Erfolg.

Auf dem Rückweg bemerkte Gerda, daß Amalasuntra hinkte und Blut aus ihrer rechten Hinterpfote tropfte.

Sie fuhren alle gemeinsam sofort in Richtung Stadt.

"Wir gehen in die Praxis von Dr. Wirth, vielleicht ergibt sich eine Möglichkeit, daß du dich ein wenig umschaust. Ich weiß doch, daß dich das Thema nicht ruhen läßt."

Im Wartezimmer saß eine Dame mit einem Hovawart. Gerda freute sich, denn sie traf eher selten andere Hunde dieser Sorte. Er mußte schon betagt sein, denn seine Schnauze war ergraut. Regungslos blieb er auf dem Boden liegen, ohne sich auch nur nach den Neuankömmlingen umzudrehen.

“Verzeihen Sie”, sprach Clara die Besitzerin an. “Dürfen wir vorgehen? Unser Hund ist verletzt.”

“Natürlich”, antwortete die Angesprochene, und in ihren Augen standen Tränen, “dann haben wir noch einen Moment Zeit miteinander.”

Gerda und Clara begriffen, daß das Tier wohl aus irgendwelchen Gründen eingeschläfert werden mußte. Bevor sie etwas erwidern konnten, wurde eine Tür geöffnet, und Dr. Wirth stand mit einer Spritze in der Hand vor der Tür. Er nickte der Dame zu.

“Nehmen Sie erst den verletzten Hund dran.”

Gerda folgte dem Arzt in den Behandlungsraum. Er legte die Spritze auf den Schreibtisch.

“Ihre Hündin hat sich vermutlich an einem Stacheldraht verletzt. Ich möchte, daß sie einen Maulkorb trägt, während ich nähe, damit sie mich nicht vor Angst beißt.”

Amalasuntra ließ sich den Korb nur widerwillig anlegen.

Gerda tröstete sie: “Es dauert nur ein paar Minuten.”

Nebenan ertönte plötzlich ein Klirren, so als ob Flaschen auf den Boden gefallen und zersplittert wären.

Dr. Wirth eilte in das Nebenzimmer, schloß aber die Tür hinter sich, bevor Gerda etwas sehen konnte.

Kurz darauf vernahm sie merkwürdige Geräusche und meinte, die Stimme von Clara zu erkennen. Als sie die Tür vorsichtig öffnete, lag ihre Freundin mit dem Rücken auf dem Boden, der Arzt saß auf ihrem Brustkorb, kniete auf den Armen und würgte sie am Hals.

Amalasuntra rannte wie wild um die Kämpfenden herum und hinterließ eine Blutspur. Ohne nachzudenken, schlug Gerda mit ihrem Gehstock auf Dr. Wirth ein, der schien die Schläge jedoch nicht zu spüren.

Da kehrte sie, so schnell sie es vermochte, in den ersten Raum zurück, griff nach der Spritze auf dem Schreibtisch, hetzte wieder in den Nebenraum und stach diese in den Oberschenkel des Arztes. Während er auf die Stockhiebe nicht im geringsten reagiert hatte, sprang er nun voller Entsetzen auf: "Was haben Sie getan? Wollen Sie mich umbringen?"
Clara kam wieder auf die Füße, packte ihn von hinten und fesselte seine Hände mit Handschellen.
Gerda rief im Krankenhaus an und schilderte den Sachverhalt.
Es dauerte keine drei Minuten, bis der Notarzt eintraf. Er betrachtete Claras Würgemale und schüttelte den Kopf.
"Das hätte leicht schiefgehen können. Ich rufe die Polizei."
"Die ist schon da." Clara zog ihren Dienstausweis aus der Jackentasche.
"Frau Kommissarin, Sie waren in Lebensgefahr", betonte er nochmals, "und Dr. Wirth muß sofort mit ins Krankenhaus kommen."
"Gut, ich rufe meine Kollegen, die werden dafür sorgen, daß der Patient auch in der Klinik bleibt und später ins Untersuchungsgefängnis umzieht."

Als alles geregelt war, schauten sich die Freundinnen an. Wie aus einem Munde fragten sie sich gegenseitig: "Was hast du denn bloß gemacht?"
Sie mußten lachen.
"Na ja", meinte Clara. "Ich wollte die Situation ausnutzen und mich mal umsehen. Die arme Dame im Flur war so mit ihrem Hund beschäftigt, daß sie überhaupt nicht darauf achtete, was ich tat. So inspizierte ich alle Räume. Und hier in diesem entdeckte ich Medikamentenkartons. Natürlich wollte ich erfahren, was sich darin verbirgt. Tatsächlich fand ich Unmengen verbotener Präparate. Dummerweise stieß ich mit dem Ellbogen gegen ein Regal, und mehrere Flaschen fielen zu Boden. Den Rest kennst du ja. Aber ich begreife immer noch nicht recht, was du getan hast."

“Ich habe ihm die Spritze gegeben, die für den Hovawart im Wartezimmer vorgesehen war. Eine Medikamentendosis für einen 50 Kilogramm schweren Hund ist auch für einen erwachsenen Mann keine Lappalie.”
“Meine Güte, Gerda, du hast mir das Leben gerettet!”
“Und du hast mir verschwiegen, daß du Kommissarin bist. Ich dachte, du schreibst Verkehrssünder auf.”
“Zur Entschädigung lade ich dich am Wochenende bei mir zum Essen ein. Ich verspreche auch, daß es keine Tiefkühlpizza gibt. Ich werde höchstpersönlich für dich kochen.”
Sie streifte Amalasuntra den Maulkorb ab.
“Mit dir fahren wir jetzt noch zu einem anderen Tierarzt, und natürlich bist du auch eingeladen, zu einem großen Extranapf mit Wiener Würstchen.”

Als Gerda am nächsten Tag auf dem Klappstuhl der Schäferin saß, und die beiden Hilfshüter gerade einige von der Weide abgekommene Schafe zurücktrieben, fiel ihr plötzlich eine Möglichkeit ein, wie es ihr gelingen könnte, die beiden Männer in ihr Auto zu manövrieren.
Die Idee war vielleicht ein bißchen verrückt, aber es wäre zumindest einen Versuch wert.
Am darauffolgenden Sonntag herrschte die ideale Wetterlage für ihren Plan. Einerseits würde aller Wahrscheinlichkeit nach kein Mensch zu dem Aussichtsturm spazierengehen, andererseits regnete es nicht so stark, daß langjährig trainierte Jogger auf ihren Sport verzichten würden.
Gerda stellte den Kombi mitten auf den Waldweg, den Rudolph Hardenberg und Walther Wagner jeden Sonntag entlangliefen. Die beiden hinteren Türen ließ sie offen, so daß sie wie zwei blaue Flügel abstanden. Anschließend verbarg sich Gerda mit Amalasuntra und Dunkelfell im Gebüsch.
Als die Männer nahten, gab sie den Befehl.

Sogleich jagten die Hunde hinter den beiden her, bellten und drohten, so daß Hardenberg und Wagner meinten, um ihr Leben zu rennen. Das Auto mit den geöffneten Türen stand wie eine rettende Fluchtburg auf dem Weg. Ohne nachzudenken, sprangen der Richter und der Schulleiter hinein, setzten sich auf die Rückbank und schlossen fast zeitgleich die Türen. Die Hunde tobten aufgeregt um den Wagen herum.

Die Männer bemerkten die Frau erst, als diese bereits die Heckklappe geöffnet hatte und der Hovawart ihnen im wahrsten Sinne des Wortes im Nacken saß. Bevor sie sich besinnen konnten, wurde die Beifahrertür geöffnet, und der Retriever bellte von vorne.

Gerda stieg ein und empfahl: "Bleiben Sie ganz ruhig sitzen, sonst werden Sie von den Hunden in Stücke zerrissen!"

Dann steuerte sie mit dem Wagen den Parkplatz in der Nähe des Hainig an. Wie erwartet war weit und breit kein anderes Fahrzeug zu sehen.

Der Richter brüllte: "Verdammt nochmal, was haben Sie vor?"

Die Antwort war ein zweistimmiges Knurren.

Gerda öffnete die Heckklappe und die Beifahrertür.

"Bleibt", befahl sie den Vierbeinern.

"Aussteigen", verlangte sie von den Männern.

Sobald diese das Fahrzeug verlassen hatten, ließ sie die Tiere folgen.

"Gehen Sie den Weg zum Turm, und wagen Sie es nicht, einen Zentimeter abzuweichen."

Der Troß bewegte sich voran, es waren nur die Schritte der Menschen zu vernehmen und ab und zu ein kurzes, scharfes Bellen. Es hörte auf zu regnen. Die Hunde kannten den Weg und trieben die Gefangenen die Treppe des Turmes empor. Gerda erklomm langsam Stufe für Stufe, verschnaufte auf der Brüstung und stieg weiter.

Als sie schließlich oben bei den anderen anlangte, entnahm sie ih-

rer Jackentasche Haushaltshandschuhe und streifte sie über. Anschließend förderte sie eine kleine Plastiktüte zutage.
“Jeder von Ihnen nimmt sich einen Schreibblock und einen Kugelschreiber.”
Die Angesprochenen waren viel zu verblüfft, als daß sie auf die Idee gekommen wären, dem Befehl nicht zu folgen.
“Sie schreiben jetzt auf, wie es sich tatsächlich mit der Schülerin damals zugetragen hat”, befahl sie dem Schulleiter.
“Und Sie notieren genau, was Sie damals wußten, und warum Sie ihn trotzdem freigesprochen haben.”
Walther Wagner grinste: “Und wenn ich es nicht tue?”
Gerda gab leise einen Befehl. Bevor der Schulleiter sich versah, hatte ihn Dunkelfell umgeworfen und den Hals des Widerspenstigen zwischen seinen Zähnen.
“Ich zähle bis zehn. Eins, zwei, drei, vier ...”
Auf Wagners Stirn bildeten sich Schweißtropfen.
“Fünf, sechs.”
“Ich schreibe alles auf”, jammerte er.
“Und Sie?” fragte Gerda an Hardenberg gewandt.
“Ich auch.” Aus seinem Gesicht war jede Farbe gewichen.
Als Gerda die beschriebenen Blätter zurückerhielt, begann sie zu lesen. Das, was sie erfuhr, überstieg bei weitem alles, was sie sich in ihrer Phantasie bereits an Widerwärtigkeiten ausgemalt hatte.
Ihr wurde übel, sie fühlte sich schwindelig und merkte nicht mehr, wie sie zu Boden sank.
Wagner nutzte die Gelegenheit, hob den Fuß und zielte auf ihre Nackenwirbelsäule, dies würde zu einem tödlichen Genickbruch führen.
Fast im selben Moment stieß ihn Dunkelfell mit gesenktem Haupt und all seiner Kraft von Gerda weg. Wagner krallte sich an der Jacke von Hardenberg fest, gemeinsam verloren sie das Gleichgewicht und stürzten über die Turmbrüstung in die Tiefe.

Amalasuntra leckte Gerda über das Gesicht und stieß sie mit der Schnauze an, bis sie erwachte.
Als sie die Augen öffnete, erschrak sie. “Verflixt, sie sind geflohen, das wird unangenehm für mich werden.”
Dann allerdings entdeckte sie zu ihrer Verwunderung, daß die Täter ihre Schuldeingeständnisse nicht mitgenommen hatten. Gerda hob die Blätter auf, faltete sie zusammen und stieg vom Hainig hinab. Erst als sie den Turm verließ, entdeckte sie, was geschehen war. Der Schulleiter und der Richter waren tot.
Sie steckte jedem seinen Zettel in die Hemdentasche und verließ den Ort.

Am Montag stieg das Thermometer, und die Sonne kam stellenweise hinter den Wolken hervor. Wanderer nutzten das schöne Wetter, um zum Aussichtsturm zu spazieren. Sie fanden zwei Leichen und alarmierten die Polizei.
Während ihre Kollegen das Gelände absuchten, inspizierte die Kommissarin die Taschen der Toten. Sie wurde fündig und entdeckte die Geständnisse. An der Hose von Hardenberg bemerkte sie einige helle und dunkle Hundehaare. Unbemerkt entfernte sie diese und steckte sie in eine Streichholzschachtel.
“Freitod”, teilte sie den anderen Kriminalbeamten mit und hob die Blätter hoch.
Der Doppelselbstmord mit den Geständnissen lockte sogar die überregionale Presse in die Kreisstadt.
Landauf, landab wurde über den damaligen Fall berichtet, und in fetten Lettern stand auf den Titelseiten zu lesen: “Schülerin sprach die Wahrheit.”

Einige Tage später folgte Gerda gemeinsam mit Dunkelfell und Amalasuntra Claras Einladung zu dem versprochenen Essen. Heimlich verglich die Kommissarin die Hundehaare.

Es gab keinen Zweifel über ihre Herkunft.
Sie öffnete die Klappe des Küchenherdes und warf die Beweisstücke hinein. Es zischte leise.
“Das Essen ist fertig. Weißt du eigentlich, daß ich damals in diesem Fall mit dem Schulleiter ermittelt habe?”
“Nein.”
“Ich war von seiner Schuld überzeugt. Aber du weißt ja, welchen Lauf der Fall vor Gericht nahm. Es ist doch wirklich erstaunlich, daß nun beide gemeinsam die Reue ergriff, sie freiwillig alles gestanden haben und schließlich noch einen Doppelselbstmord begingen. Findest du nicht auch, wir sollten auf den Sieg der Gerechtigkeit anstoßen?”
Die Kommissarin lächelte hintergründig.
Gerda schwieg einen Moment.
Schließlich lächelte sie ebenfalls und erhob ihr Glas.

Korrekturen

Keinen Ort konnte Gerda weniger ausstehen als ein Krankenhaus. Ähnlich unangenehm erschienen ihr nur Arztpraxen oder Ämter. Aber dort mußte sie wenigstens nicht wochenlang verweilen.
Sie hielt die Einweisung in der Hand und überlegte, ob sie mit dem Zug oder mit dem Auto fahren sollte. Eigentlich war es für sie viel zu anstrengend, die weite Strecke bis in die Spezialklinik mit dem PKW zurückzulegen. Aber die Vorstellung, in dem von der nächsten Kleinstadt mehrere Kilometer entfernten Gebäude festzusitzen, erschien ihr wie ein bevorstehender Gefängnisaufenthalt. Dieses Gefühl milderte weder die landschaftlich reizvolle Lage noch der angrenzende alte Kurpark.
Bei der Vorstellung, Tag für Tag nur Gespräche über Krankheiten und deren Verläufe zu hören, fühlte sie sich sofort noch kränker, als sie bereits war.
Das Auto gäbe ihr die Freiheit, hin und wieder die Einrichtung zu verlassen und in der Stadt ein wenig Abwechslung zu genießen. Natürlich verstieß das gegen die Vorschriften, aber ob sie die ewig gleichen Runden im Park spazierte oder statt dessen in eine Bilderausstellung ging, würde niemand nachprüfen. Ihr täte es jedenfalls bestimmt besser, sich ab und zu diese kleinen Freiheiten herauszunehmen, als sich stur an den Klinikablauf zu halten.
Gut, daß sie sich um die Unterbringung von Dunkelfell und Amalasuntra keine Gedanken machen mußte. Die beiden würden von ihrer Freundin Clara bestens versorgt werden. Selbst auf die Übungen bräuchten die Tiere nicht zu verzichten, da sie gemeinsam mit der Kommissarin und deren Hund Grün auf den Polizeihundeplatz gehen durften.
Gerda packte außer Kleidung, Waschzeug und anderen praktischen Dingen auch Säfte, Plätzchen, Bonbons, Briefpapier, Lesestoff und ihren Lieblingstee ein. Zu guter Letzt steckte sie das neu erworbene Handy in die Tasche.

Früher hatte sie gegen die ganzen technischen Neuerungen von Computer über Internet bis Mobiltelephon eher eine diffuse Abneigung empfunden. Inzwischen gefiel ihr die Vorstellung, im Park auf der Bank sitzend Clara eine SMS zu senden.

Ihr Zimmer lag in einem ruhigen Seitenflügel mit Ausblick ins Grüne, direkt vor dem Fenster stand eine alte Buche.

Was sie von ihrer Bettnachbarin halten sollte, konnte sie noch nicht einordnen. Ungefragt berichtete Frau Weber von ihrer Schulklasse und Elternabenden. Es handelte sich also um eine Lehrerin.

Sie könnten wahrscheinlich ohne größere Komplikationen für ein paar Wochen miteinander auskommen, aber ob sie sich auch mögen würden, blieb zunächst eine offene Frage.

Inzwischen war es Zeit geworden, Abendbrot zu sich zu nehmen. Der volle Speisesaal bereitete ihr Unbehagen. Früher glaubte sie, es müßte ihr möglich sein, sich an die vielen Menschen und die räumliche Enge zu gewöhnen. Dieser erhoffte Effekt war bisher aber ausgeblieben.

Ergeben reihte sie sich in die Schlange der Wartenden ein. Weiter vorne am Büfett bemerkte sie eine Frau mit Gehstütze, die das Tablett in der linken Hand hielt. Zwischen den Salaten, Brotkörben und Wurstplatten war kein Platz mehr frei, auf dem sie es hätte abstellen können. Ohne nachzudenken ging Gerda nach vorne und bot der Fremden Hilfe an. Der Blick, den sie dafür erhielt, war irritierend. Für einen Moment lang glaubte sie, einer Amazone in die Augen zu sehen, bewehrt mit Bogen und Speer.

Ohne Absprache trug sie von nun an dieser Mitpatientin das Essen an den Tisch.

Erst einige Tage später wurde ihr bewußt, daß sie kein einziges Wort des Dankes zu hören bekam und die andere sich auch sonst nie mit irgend jemandem unterhielt. Immerhin nahm Gerda im Gesicht ihres Gegenübers einen weichen Zug wahr, wenn sie sich zufällig im Flur oder im Kurpark trafen.

Wie jeden Morgen warteten alle Patientinnen lange vor dem Behandlungszimmer. Während dessen zelebrierten sie ein immer wiederkehrendes Ritual von Grüßen und Austauschen der Krankheitsgeschichten.
Gerda nahm daran nicht teil, und so erging es ihr bald wie zu Hause im Flötenkreis, in dem sie als Außenseiterin eingeordnet wurde.
Doch auch in dieser Rolle gab es noch Nuancen. Die Amazone, die in Wirklichkeit Frau Neehm hieß, schien noch entfernter eingestuft zu werden als sie selbst, denn niemand richtete je das Wort an diese schweigsame Frau.
Mit der Lehrerin verhielt es sich genau umgekehrt: Jeder schien sich gerne mit ihr zu unterhalten. Dabei schien beeindruckenderweise niemand zu bemerken, daß Frau Weber außer Allgemeinplätzen nichts von sich gab.

Als sie an die Reihe kam, in das Behandlungszimmer zu treten, erläuterte die Ärztin, daß die bevorstehenden täglichen Spritzen unangenehm werden würden. Insbesondere sei zunächst mit einer Verstärkung der Schmerzen zu rechnen.
Einen ersten Eindruck davon erhielt Gerda, als ihr jeweils vier lange Nadeln parallel der Wirbelsäule und noch zwei direkt in ein Gelenk hineingestochen wurden.

Auf dem Nachttisch lag eine Grußkarte des Flötenkreises. Obwohl dessen Mitglieder ihr nicht besonders nahestanden, empfand sie eine gewisse Rührung. Bei der Auswahl des Motivs schienen die Damen sich sogar wirklich bemüht zu haben, denn ein Hundephoto entsprach ganz und gar nicht ihrem sonstigen Stil. Eher wäre mit dem Bild eines klassischen Malers zu rechnen gewesen.
Das Telephon klingelte. Clara erzählte ausführlich von ihren Unternehmungen mit den Vierbeinern und wie sehr die Tiere Gerda vermißten.

“Sie schauen mich immer wieder vorwurfsvoll an, als ob sie fragen wollten, warum wir nicht endlich zu dir fahren.”

Während sie bäuchlings auf der Behandlungsliege lag, die Hände in zwei Schlingen gesteckt, den Rücken entblößt, und die Ärztin ankündigte, heute zwölf Spritzen geben zu wollen, beschloß Gerda, sich anschließend einen Stadtbummel zu gönnen. Als die Prozedur endlich beendet war, entfernte sie sich, ohne viel Aufhebens zu machen, vom Klinikgelände. Die Fußgängerzone war kleinstädtisch übersichtlich, und sie schlenderte langsam an den Schaufenstern entlang. Erfreut hielt sie inne, als sie einen dunkelblauen Wollpullover entdeckte. Sie sollte sich ruhig einmal etwas gönnen. Kurz entschlossen betrat sie den Laden.
Anschließend ließ sie sich in einem Straßencafé nieder und bestellte einen Cappuccino mit geschäumter Milch.
Das Handy ertönte, um neue Kurznachrichten anzukündigen. “Wir vermissen Dich”, stand da zu lesen, “Amalasuntra sieht aus wie ein Ferkel, hat sich im Schlamm gewälzt.”
Gerda mußte lächeln. Wie lieb von Clara, ihr immer wieder zwischendurch einen Gruß zu senden. Sofort fühlte sie sich dann, wo immer sie auch gerade sein mochte, ein wenig geborgen.
Beim Bezahlen entdeckte sie, daß noch jemand anders eine Krankenhauspause einlegte. Am Ecktisch saß Frau Neehm, tippte eifrig an einem Laptop und schien ihre Umwelt nicht im geringsten wahrzunehmen.

Während des Abendessens werteten die Mitpatientinnen den vergangenen Tag aus. Die Gespräche kreisten um Medikamente und therapeutische Maßnahmen, und es gab eine Debatte darüber, ob dieser oder jener Arzt kompetenter erschien.
Gerda versuchte, wie immer bei solchen Gesprächen, geistig abzuschalten. Plötzlich aber wurde sie hellwach.

Eine klare, ruhige Stimme, die sie noch nie vernommen hatte, ließ sie aufmerken.
Frau Neehm sprach mit ihrer Tischnachbarin.
"Ich helfe Ihnen beim Ausfüllen des Widerspruchs. Kommen Sie nachher auf Zimmer 608."
Alle Anwesenden wirkten erstaunt, doch niemand verlor ein Wort darüber.
Bei ihrer abendlichen Runde durch den Kurpark grübelte Gerda darüber nach, was Frau Neehm wohl dazu bewogen haben mochte, das Schweigen zu brechen und Hilfe anzubieten.

Am nächsten Tag stand nach der Spritzenbehandlung Solebewegungsbad auf dem Plan. Sie stieg in das salzige Wasser und erledigte die vorgeschriebenen Muskelkräftigungsübungen.
Da die Sonne schien, entschied sie sich anschließend für einen Spaziergang. Im Freien durfte das Handy wieder eingeschaltet werden, innerhalb des Gebäudes galt ein Benutzungsverbot. Kurz darauf kündigte das bekannte Tonsignal eine SMS an.
"Wir besuchen Dich am nächsten Sonntag", lautete Claras Mitteilung.
Die Herbstfärbung der Bäume wirkte plötzlich noch leuchtender als vorher.

Auf dem Rückweg in ihr Zimmer bemerkte Gerda eine Person in dem kleinen Aufenthaltsraum. Dieser wurde üblicherweise von den Anwesenden selten genutzt, da die Patientinnen sich lieber in den jeweiligen Zimmern aufhielten oder auf dem Balkon trafen.
Es war Frau Neehm, die sich diesen Rückzugsort ausgesucht hatte, sie saß wieder über den Laptop gebeugt und tippte konzentriert.
Gerda trat durch die halb geöffnete Tür.
"Haben Sie sich Arbeit mitgebracht?"
"Sie ist zu mir gekommen", lächelte die Angesprochene hintergründig.

“Leider kann ich überhaupt nicht mit Computern umgehen.”
“Dann sollten Sie einen Einführungskurs besuchen.”
“Ich fürchte immer, mich dort zu blamieren.”
Frau Neehm beendete ihre Tätigkeit.
“Setzen Sie sich doch.”
Zwei Stunden lang erklärte die sonst so stille Frau Grundlagenwissen.
“Kommen Sie morgen um dieselbe Zeit wieder.”
Bis zum Wochenende lernte Gerda, wie man Texte eingibt, formatiert, speichert und Tabellen anfertigt. Sie war sehr stolz auf sich. Clara verriet sie nichts von diesem privaten Computerlehrgang, es sollte eine Überraschung werden.

“Guten Morgen!” Die blendende Deckenlampe wurde angeknipst, und zwei Schwestern der Frühschicht begannen eifrig, die Bettdekken und Kissen auszuschütteln.
Frau Weber befand sich wie immer bereits eine geschlagene Stunde vor dem allgemeinen Aufstehen im Bad. Diese Zeit brauchte die Dame, um sich zu schminken, das Haar zu fönen und passend zu kleiden.
Auch wenn sich Gerda insgeheim über diese Eigenart amüsierte, gab es einen Wesenszug, den sie an ihrer Zimmernachbarin wirklich schätzte. Es handelte sich um deren liebevolle Art, über Kinder zu sprechen.

Endlich war Sonntag, heute nachmittag würde ihr Besuch kommen. Sie beschloß, robuste Kleidung anzuziehen, um für einen Spaziergang gerüstet zu sein. Obwohl der Wind kühl wehte, nahm sie auf einer Bank neben der Toreinfahrt Platz. Es dauerte nicht lange, bis das Auto der Kommissarin um die Ecke bog.
“Laß uns eine Runde laufen, die drei mußten lange genug still liegen.”

Gemeinsam schlenderten sie durch den Kurpark. Wegen des kalten Wetters hatte außer ihnen offensichtlich niemand Lust, draußen herumzulaufen.
“Bleib hier stehen und warte einen Moment, ich habe eine Überraschung mitgebracht.”
Clara verschwand mit den Tieren hinter einem Gebüsch. Als sie zurückkehrten, trugen Dunkelfell, Amalasuntra und Grün Packtaschen auf dem Rücken.
“Was soll denn das bedeuten?”
“Ich dachte, wenn wir beide mal zusammen einen Ausflug machen wollen, könnten unsere vierbeinigen Energiebündel ruhig unser Frühstück tragen.”
Vor dem Kurcafé kündigte ein Schild an, daß es frische Waffeln mit heißen Kirschen gäbe. Ein gegenseitiger Blick genügte, um sich zu einigen. Sie wählten einen Fenstertisch. Die Bedienung schaute zunächst skeptisch drein. Dann aber schien ihr das Verhalten der Tiere wohl vertrauenerweckend genug, um heranzutreten und die Wünsche der Gäste entgegenzunehmen.
Gerda betrachtete ihre Besucherin.
“Du siehst erschöpft aus, war die Fahrt so anstrengend, oder beschäftigt dich etwas?”
“Ich arbeite gerade an einem schwierigen Fall. Mir ist klar, was passiert, aber nicht warum, und noch viel weniger habe ich eine Ahnung, wer dahinterstecken könnte. Das einzige, was sicher scheint, es müssen absolute Profis am Werk sein.”
Die Bedienung servierte die Waffeln und Getränke. Als sie sich wieder außer Hörweite befand, sprach die Kommissarin weiter.
“Wenn nicht bald ein wenig Licht in die Angelegenheit kommt, muß ich den Fall an die Abteilung Terrorismus abgeben.”
Gerda verschluckte sich fast an ihrem Kaffee.
“Die Unbekannten verändern wichtige Computerdaten in Großrechnern. Sie scheinen systematisch einen Plan zu verfolgen, aber ich kann ihn bis jetzt einfach nicht durchschauen.”

"Meine Liebe, unabhängig davon, ob du es mit Terroristen, Hakkern oder was auch immer zu tun hast, solltest du die leckeren Waffeln nicht kalt werden lassen."
Die Polizistin lachte: "Mit dieser Einstellung kämest du in unserem Beruf nicht weit."
"Darum ist es ja auch gut, daß ich die Frührentnerin bin und du die Kommissarin."
Der Nachmittag verflog viel zu schnell, und der Besuch mußte den Heimweg antreten.

Am nächsten Morgen um 8.30 Uhr standen Fangopackungen auf dem Plan.
An diesen Behandlungen schätzte sie außer der Wärme auch, daß es der Inbegriff der Ruhe war. Von der Bademeisterin warm eingewickelt wie ein Säugling, brauchte sie nichts zu tun, noch nicht einmal mit jemandem reden. Die Kabine war angenehm abgedunkelt, so konnte sie in einem Zwischenzustand von Wachheit und Schlaf dämmern. Obwohl die Anwendungen nur jeweils zwanzig Minuten dauerten, fühlte sie sich danach wunderbar erholt.

Frau Weber berichtete aufgeregt von einem Anruf ihrer Referendarin. Der Vertretungslehrer bedachte Kinder, die etwas länger brauchten, bis sie Aufgaben bewältigten, mit beißendem Spott. Er förderte Töchter und Söhne aus – wie er es nannte – anständigem Hause und machte abfällige Bemerkungen über jene, welche nicht zu dieser Kategorie gehörten.
Der Lehrerin stieg Zornesröte ins Gesicht.
"Es tut mir so leid für die Kinder!"
Gerda ahnte, womit sie ihre Zimmergenossin trösten konnte.
"Lassen Sie mich doch nochmals die Bilder von dem letzten Arbeitsprojekt anschauen."
Diese Idee erwies sich als Volltreffer, um Frau Webers Stimmung aufzuhellen. Sogleich zog sie ein Album aus dem Schrank, mit Pho-

tos, die Schüler und Schülerinnen auf einer Wiese zeigten. Dort lernten die Erstklässler vor Ort den Lebensraum kennen. Auf den nächsten Abbildungen waren Kinder zu sehen, die mit Pinseln große Plakatwände bemalten. Gerda mußte schmunzeln. Ihr war es egal, daß Frau Weber geschminkt war, als sei sie in einen dieser Farbtöpfe hineingefallen. Genau so eine herzensgute Lehrerin hätte sie sich in ihrer Jugend gewünscht.
"Welches Thema haben Sie geplant, wenn Sie wieder in der Schule arbeiten können?"
"Die Kleinen sollen mit dem Computer vertraut gemacht werden. Es liegt mir viel daran, dies in einer Weise zu gestalten, bei der nicht vergessen wird, wie wichtig die Förderung der musischen und sozialen Fähigkeiten bleibt."

Während Gerda im Solebad die Muskelfunktionsübungen automatisch absolvierte, dachte sie über das Gespräch mit der Lehrerin nach. Jedes Kind lernte heutzutage, sich im Internet zu bewegen. Sie selbst verstand inzwischen gerade mal die ersten Grundbegriffe der Textverarbeitung. Gewiß, es wäre möglich, sich zu einem Kurs anzumelden. Aber solche Veranstaltungen erinnerten sie immer an ihre Schulzeit. Obwohl dies vermutlich völliger Unfug war, befürchtete sie noch heute, bloßgestellt zu werden.
Vielleicht würde Frau Neehm sie anleiten? Der Gedanke gefiel ihr.
Am Nachmittag begab sie sich zu Zimmer 608.
"Ich wollte fragen, ob Sie Lust hätten, mir zu zeigen, wie ich mich im Internet bewegen kann."
"Das würde ich gerne tun, aber der Laptop befindet sich wegen einer kleinen Reparatur im Computerladen. In den nächsten Tagen liegen meine Behandlungen so ungünstig, daß ich ihn leider nicht zu den Öffnungszeiten abholen kann."
"Meine Anwendungen verteilen sich morgen auf den Vormittag.

Nach dem Essen habe ich frei. Ich erledige die Sache gerne für Sie."

Gerda kehrte in ihr eigenes Zimmer zurück. Auf dem Bett lag eine Notiz. Die Nachricht lautete: "Krankengymnastik fällt heute aus, Ihre Schwester Irmgard."

Mit anderen Worten, sie durfte sich bereits heute über einen freien Nachmittag freuen!

Ohne lange zu überlegen, zog sie die Jacke an und fuhr mit dem Auto in die Stadt. Den Computerladen fand sie auf Anhieb.

Als sie schließlich mit dem reparierten Laptop wieder auf dem Gehweg stand, stieg eine kindliche Freude in ihr auf. Sie könnte etwas tun, das eigentlich verboten war. Oder besser gesagt, was sich einfach nicht gehörte. Das Gefühl erinnerte sie an die Spannung, wenn sie als Mädchen einmal die Mathematikstunde geschwänzt hatte.

Anstatt zum Fahrzeug zurückzukehren, schlenderte sie in Richtung Fußgängerzone. Die Schaufensterauslagen beachtete sie heute nicht. In der Konditorei gegenüber der Stadtkirche hielt sie Einkehr, bestellte Schwarzwälder Kirschtorte und Milchkaffee.

Einen kurzen Augenblick zögerte sie noch, dann öffnete sie die schwarze Schutztasche und nahm den Laptop heraus.

Zwei ältere Damen am Nachbartisch tauschten respektvolle Blicke aus. Vermutlich hielten die beiden sie für eine Managerin, deren wichtige geschäftliche Angelegenheiten keinen Aufschub duldeten. Gerda grinste in sich hinein.

Was wollte sie nun eigentlich tun? Wenn sie ehrlich war, wußte sie es ganz genau, doch gleichzeitig schämte sie sich ein wenig für ihr Vorhaben. Wie konnte sie nur so neugierig sein!

Aber da stand nun einmal das Gerät vor ihr, und sie vermochte der Versuchung, auf den grünen Knopf zu drücken, nicht zu widerstehen. Die Symbole bildeten sich auf dem Bildschirm ab. Jedes

davon kannte sie durch Frau Neehms Erklärungen, nur eines war nie angesprochen worden, ein Ordner mit dem Namen “V”.
Bereits von der ersten Unterrichtseinheit an rätselte Gerda, was sich dahinter wohl verbergen mochte. “V wie verschweigen” war ihr einmal durch den Sinn gegangen.
Das schlechte Gewissen meldete sich immer heftiger. Wenn es sich nun um eine Sammlung von Gedichten oder Liebesbriefen handelte? Natürlich würde es ihr selbst nie einfallen, solche mit dem Computer zu tippen. Dies erschien ihr völlig unromantisch. Doch hieß das noch lange nicht, daß auch Frau Neehm derartige Schriften auf feinem Büttenpapier mit einem Füllfederhalter verfaßte.
Sie versprach sich selbst, den Ordner sofort wieder zu schließen, sofern tatsächlich persönliche Dinge darin enthalten wären.
Entschlossen winkte sie der Bedienung, bestellte ein Glas Kirschwasser, leerte es in einem Zug und wagte dann den Doppelklick auf das “V”.
Der Anblick, der sie erwartete, hätte langweiliger nicht ausfallen können. Es handelte sich lediglich um eine Vielzahl von Dokumenten, die jeweils ähnliche Beschriftungen trugen.
Ein Nachname, Querstrich, dann unverständliche Kürzel, wie “AA”, “MdK” oder “BfA”.
Vermutlich war Frau Neehm beruflich im Versicherungswesen angesiedelt. Dafür sprach auch, daß sie sich gut genug mit der Materie auskannte, um einer Mitpatientin behilflich sein zu können.
Warum Gerda trotzdem eines der Dokumente öffnete, hätte sie selbst nicht erkären können. Was sollte sich schon anderes dahinter verbergen, als Verträge von Hausrats- oder Kraftfahrzeug-Versicherungen?
Seltsamerweise erschien aber statt dessen eine Art Protokoll. Zwar vermochte sie nicht recht, die genaue Bedeutung dessen zu erfassen, aber sie spürte, daß es eine besondere Bewandtnis damit auf sich haben mußte.
“Verzeihung, darf ich abkassieren? Wir schließen bald.”

Die Bedienung lächelte freundlich.
Gerda bezahlte. Wenn sie sich sputete, könnte sie gerade noch rechtzeitig zum Abendbrot erscheinen. Obwohl sie höchstens eine Tasse Hagebuttentee trinken würde, wäre es gut, wie gewohnt im Speisesaal zu sitzen. Andernfalls käme es sicherlich zu Rückfragen nach ihrem Verbleib.
Verdrossen schloß sie den Ordner "V" und packte das Gerät ein.
In ihrem Kopf arbeitete es fieberhaft. Der Anstand gebot, an diesem Abend Frau Neehm den Laptop zurückzugeben. Daß sie sich in einem kindlichen Anfall von Neugierde überhaupt dazu hatte hinreißen lassen, einen solchen Unfug zu veranstalten, war schlimm genug. Aber jetzt mußte endgültig Schluß damit sein!
Wie in einem Zeitraffer liefen sämtliche moralischen Instanzen bis hinein in die Kinderzeit vor ihrem inneren Auge vorbei. Mutter, Pfarrer, Schullehrerin, alle schienen den Zeigefinger zu heben und auf sie einzureden. "Hör auf, hör auf", ertönte ein vielstimmiger Chor.
Doch statt dessen wickelte sie die Tasche in eine Wolldecke und verstaute sie unter dem Beifahrersitz.

Am nächsten Tag absolvierte sie Solebewegungsbad und krankengymnastische Übungen wie im Traumzustand. So mußte sich eine Bankräuberin fühlen, die ihre Beute im Kraftfahrzeug versteckt hielt und jeden Moment bangte, entdeckt zu werden.
Nach dem Mittagessen fuhr sie erneut in die Stadt und setzte sich in dieselbe Konditorei wie am Vortag.
Die Bedienung lächelte: "Einen Milchkaffee?"
"Ja, bitte."
Ohne Umschweife öffnete Gerda den Ordner "V" und das Dokument, welches sie am Vortag zu lesen begonnen hatte.
Wo war sie noch stehengeblieben? Genau, an dieser Stelle. "... Diagnose Patientin Herta Reichenbach: Magenkrebs ..." Nun folgten Abhandlungen über chemotherapeutische Maßnahmen und den

sich immer weiter verschlechternden Zustand der beschriebenen Person.
"... Bundesversicherungsanstalt lehnte Berentung ab ..." Gerda begriff nicht, wieso die doch offensichtlich Todkranke abschlägig beschieden werden konnte. Daß diejenige nicht mehr fähig war zu arbeiten, mußte doch selbst einem medizinischen Laien einsichtig sein.
Es begannen seitenlange Ausführungen darüber, wie die Tochter der Patientin für die Mutter Widerspruch eingelegt, eine erneute Untersuchung durch den medizinischen Dienst der Krankenkassen veranlaßt hatte, und auch diesmal der Antrag als unbegründet abgewiesen wurde. Bald darauf verstarb Frau Reichenbach.
Nachdenklich klickte Gerda ein anderes Dokument an. Hier handelte es sich um ein Unfallopfer. Die Haftpflichtversicherung des Verursachers hatte der Person lediglich eine lächerliche Summe gezahlt, obwohl sie nie wieder richtig gesund werden würde.
Welches der Dokumente sie auch öffnete, das Grundthema war stets das gleiche, Menschen kämpften vergeblich um ihr Recht.
Welchem Zweck bloß mochte diese Sammlung dienen? Ob ihre Mitpatientin zu jenen Journalistinnen gehörte, die Skandale aufdeckten und dann im Fernsehen oder der Zeitung darüber berichteten?
Wie auch immer sich die Sache im einzelnen verhielt, die Besitzerin des Laptops wäre sicherlich sehr ärgerlich, wenn sie von dem Herumschnüffeln ihrer Schülerin wüßte.

"Ich habe Ihr Gerät abgeholt."
"Danke schön, dann können wir von mir aus gleich einen Ausflug ins Internet unternehmen."
Vielleicht unterrichtete ihre Computerlehrerin ja auch in einer Schule oder Firma. Sie vermochte jedenfalls ausgesprochen anschaulich zu erklären. Jeden anderen Menschen hätte Gerda einfach auf den Beruf angesprochen. Aber Frau Neehm fragte man nichts Persön-

liches. Diese Gegebenheit stand wie ein unausgesprochenes Gesetz im Raum, und alle hielten sich daran.

Es klopfte an Gerdas Zimmertür, kurz darauf trat eine Dame ein. Frau Mertens stand mit einem Strauß Blumen vor ihr.
"Wie kommen Sie denn hierher?"
"Ich dachte, wenn man im Krankenhaus ist, tut eine Abwechslung gut."
"Setzen Sie sich doch."
"Wollen Sie nicht lieber mal raus und etwas unternehmen?"
"Gerne, sollen wir in ein Café gehen?"
"Was würden Sie davon halten, die Nachmittagsvorstellung im Kino zu besuchen?"
"Sie möchten einen Film ansehen?"
Gerda wunderte sich immer mehr. Wenn sie ehrlich war, konnte sie sich diese Dame gar nicht als Kinogängerin vorstellen.
"Auf der Fahrt hierher kam ich am Lichtspieltheater vorbei. Die Biographie von Edith Piaf wurde verfilmt. Hätten Sie Lust, oder paßt es nicht in Ihre Planung?"
"Doch, es ist eine ganz ausgezeichnete Idee, und meine Anwendungen habe ich bereits hinter mir."
Gemeinsam verließen sie die Klinik und fuhren ins Stadtzentrum. Vor dem Kino warteten nur wenige Menschen. Als die Karten gelöst waren und sie den Vorraum betraten, fragte Frau Mertens: "Wie wäre es mit einer Tüte Popcorn?"
"Unbedingt."
Sie lächelten einander an.
Nach der Vorstellung lud Gerda ihren Gast zu Kaffee und Kuchen ein.
"Danke, aber ich muß aufbrechen. Mein Mann macht sich sonst Sorgen."
Jetzt wußte Gerda, was sie die ganze Zeit vermißt hatte. Frau Mer-

tens zitierte ausnahmsweise nicht ständig ihren Gatten. Sie mußte grinsen. Laut sagte sie: “Danke für den schönen Nachmittag.”

Im Flur vor der Anrichte stand für die Patientinnen Kaffee in Thermoskannen bereit. Während Gerda sich bediente, wurde sie von Frau Neehm angesprochen.
“Morgen besuchen mich drei Freundinnen. Wir haben einiges zu besprechen, anschließend würde ich Sie gerne mit ihnen bekannt machen. Mögen Sie so gegen 16.00 Uhr dazustoßen?”
Die Angesprochene war gleichermaßen verwirrt wie erfreut.
“Ja, ich komme.”
Frau Neehm schlenderte, den Laptop unter dem Arm, in den Aufenthaltsraum. Vermutlich wollte sie ungestört arbeiten.

Frau Weber lag im Bett, obwohl draußen die Sonne schien. Dies entsprach ganz und gar nicht ihren Angewohnheiten.
“Geht es Ihnen nicht gut?”
“Nein, ich habe wieder diese Schmerzen.”
“Glauben Sie, die Behandlung schlägt bei Ihnen an?”
“Ich weiß es nicht. Mal geht es mir besser, mal schlechter. Die Ärzte sind auch langsam mit ihrem Latein am Ende.”
“Was wäre eigentlich, wenn Sie es nicht mehr schaffen würden, zu unterrichten?”
“Dann müßte ich mich vorzeitig pensionieren lassen.”
Gerda schoß der Gedanke durch den Kopf, daß Kranksein und Kranksein offensichtlich einen großen Unterschied bedeuten konnte. Sollte bei ihrer Zimmernachbarin der schlimmste Fall eintreten, erwarteten diese als verbeamtete Lehrerin zumindest keine finanziellen Sorgen.
Diesmal kündigte ein Brief das Kommen von Clara und den Hunden an. In dem Umschlag lagen auch mehrere Photos von Amalasuntra und Dunkelfell. Eines davon stellte Gerda auf ihren Nachtschrank. Sie freute sich, morgen bei Frau Neehm eingeladen zu

sein und am Sonntag von ihrer Freundin Besuch zu erhalten. So würde das Wochenende bestimmt nicht langweilig werden.

Samstags gegen 16.00 Uhr machte sie sich auf den Weg zu Zimmer 608.

Obwohl sie sich im vorhinein keine Vorstellung von Frau Neehms Freundinnen gemacht hatte, war sie im ersten Moment doch überrascht.

“Darf ich Sie mit Frau Dr. Rosenstock und Frau Anders bekannt machen?”

Gerda bemühte sich, ihre Verwunderung zu verbergen, und fragte: “Sind Sie in einer Klinik tätig, Frau Dr. Rosenstock?”

“Nein, ich bin Juristin. Genauer gesagt Rechtsanwältin.”

“Aber ich arbeite im Krankenhaus”, lächelte Frau Anders. “Dort helfe ich als Sozialarbeiterin Personen, die Unterstützung benötigen, beispielsweise gegenüber Behörden.”

Frau Neehm ergriff erneut das Wort: “Ich habe bereits ein wenig von Ihnen erzählt, und wir drei möchten fragen, ob Sie mit uns zusammenarbeiten wollen.”

“Ich verstehe nicht ganz, um was es geht.”

“Es gibt einen Zusammenschluß von behinderten Frauen.”

Jetzt ging Gerda ein Licht auf, welche Bewandtnis es mit der Datensammlung in dem Laptop auf sich haben mußte.

Natürlich konnte sie auf keinen Fall ihr Wissen zugeben und ließ sich deshalb alles genau erklären. Auf den Punkt gebracht, sollte sie behinderte Frauen bei ihrem Kampf mit Krankenkassen, Rentenversicherung, Arbeitsamt, privaten Versicherungen und ähnlichem tatkräftig unterstützen.

“Aber ich habe doch überhaupt keine Kenntnis von der Materie.”

“Die bekommen Sie von selbst, sobald Sie erst anfangen. Natürlich dürfen Sie sich jederzeit an uns wenden, wenn Sie besondere Informationen benötigen.”

“Ich werde darüber nachdenken.”

Heute würde Clara kommen. Sie wollte gerne mit ihrer Freundin beraten, ob sie sich die angebotene ehrenamtliche Tätigkeit zutrauen konnte. Zeit blieb ihr gezwungenermaßen ja genug, und sie wünschte sich sehr, damit etwas Sinnvolles zu tun.
Als die Kommissarin schließlich eintraf, wirkte sie übernächtigt und erschöpft.
“Du arbeitest zu viel.”
“Im Moment habe ich wirklich gerade eine harte Zeit durchzustehen, aber es lohnt sich.”
“Heißt das, du bist den mysteriösen Datenzerstörern auf die Schliche gekommen?”
“Vielleicht. Ich glaube, ich habe endlich das Motiv verstanden. Nun scheint sich ein Puzzleteilchen nach dem anderen logisch zusammenzusetzen.”
“Du mußtest den Fall also nicht abgeben?”
“Nein, denn wenn sich alles so weiterentwickelt wie bisher, kann ich vielleicht schon in den nächsten Wochen die Täter überführen.”
“Wer weiß, wann du das letzte Mal etwas Vernünftiges gegessen hast.”
Clara lachte.
“Ich bekenne mich schuldig und bin bereit, mich zu bessern. Darf ich dich zum Italiener einladen?”
“Eine gute Idee, ich wollte nämlich mit dir über etwas sprechen.”
Als sie es sich eine Weile später in dem italienischen Restaurant gemütlich machten, bestellte sich die Kommissarin eine große Pizza. Anschließend ließ sie sich noch ein Schokoladen-Bananen-Eis mit Sahne zum Nachtisch servieren.
“Na wenigstens hast du den Appetit nicht verloren”, schmunzelte Gerda.
Dann erzählte sie von dem Angebot. Sie erklärte, auf welche Weise sie mit Frau Neehm in Kontakt gekommen war und berichtete

stolz von dem Unterricht. Zum Schluß erzählte sie noch von den beiden Freundinnen ihrer Computerlehrerin.
“Dr. Rosenstock ist Anwältin und Frau Anders Sozialarbeiterin. Ich kann viel von ihnen lernen.”
“Sind sie auch behindert?”
“Ja natürlich, darum geht es ja gerade. Sie wollen, daß wir unsere Potentiale gemeinsam nutzen, für unsere Rechte kämpfen und nicht länger nur Bittstellerinnen sind. Frau Anders ist blind und Dr. Rosenstock Rollstuhlfahrerin.”
Clara blickte finster drein.
“Du solltest besser deine Finger von der Sache lassen.”
“Du meinst also, ich werde die Aufgaben, die damit verbunden sind, nicht gut erfüllen können?”
“Das wollte ich damit nicht sagen.”
“Was denn sonst?”
“Sie sind kein guter Umgang für dich.”
Gerda fühlte Ärger in sich aufsteigen.
“Was soll denn das bedeuten, ‚kein guter Umgang für dich‘? Du kennst die drei Frauen doch nicht einmal, aber erlaubst dir so ein Urteil?”
“Deshalb brauchst du mich nicht anzuschreien.”
Die anderen Gäste drehten sich neugierig zu ihnen um.
Gerda senkte die Stimme.
“Du bist ja bloß eifersüchtig, weil ich neue Kontakte knüpfe, mit denen du nichts zu tun hast.”
“Aber nein, ich gönne es dir, andere Menschen kennenzulernen.”
“Dann nenne mir einen logischen Grund, der dagegen spricht, mich gemeinsam mit anderen Frauen im sozialen Bereich zu engagieren.”
Die Kommissarin schwieg.
Gerda stand auf und verließ wortlos das Lokal.
Sie hätte nicht sagen können, welches Gefühl in ihr stärker war, die Wut oder die Traurigkeit.

Wie sehr hatte sie sich darauf gefreut, ihrer Freundin all die spannenden Neuigkeiten mitzuteilen. Warum nur mißgönnte diese ihr, sich neue Wege zu erschließen. Da Clara selbst einen Beruf ausübte, der sie erfüllte, mußte sie doch verstehen, wie hart es war, nicht mehr arbeiten zu können. Gerade sie sollte in der Lage sein nachzufühlen, daß es wichtig war, etwas Sinnvolles zu tun.

So enttäuscht Gerda über den mißlungenen Tag auch war, ihr Entschluß stand jetzt fest. Sie würde das Angebot annehmen!

Frau Neehm arbeitete wieder einmal alleine in dem Aufenthaltsraum. Gerda gesellte sich zu ihr.

"Ich möchte mich Ihrer Gruppe anschließen. Sagen Sie mir, was ich tun soll."

"Das freut mich sehr. Am besten, Sie begeben sich ganz in Ruhe in die Materie hinein. Anfangs stelle ich Ihnen leichte, übersichtliche Aufgaben. Mit der Zeit werden Sie selbst herausfinden, was zu tun ist. Sie könnten damit anfangen, Briefe zu tippen. Diese hängen Sie als Dokumente an E-Mails und senden sie an die Adressen, die ich Ihnen gebe."

"Das tue ich gerne, denn dabei kann ich gleichzeitig am Computer üben."

"Dann sind wir uns ja einig. Ich habe morgen den ganzen Tag Anwendungen. Sie können sich den Laptop am besten gleich nach dem Frühstück bei mir abholen. Ich brauche sicherlich nicht darauf hinzuweisen, daß die Personen, die wir unterstützen, fest auf unsere Verschwiegenheit bauen."

"Sie können sich darauf verlassen."

Der Blick von Frau Neehm bekam plötzlich wieder diesen verwegenen Ausdruck, wie damals bei ihrem Kennenlernen. Das Bild von einer mit Bogen und Speer bewaffneten Amazone erschien Gerda diesmal sogar noch realer und lebendiger als damals.

"Geben Sie mir Ihr Wort darauf?"

Zwar fand Gerda das ein wenig übertrieben, aber andererseits

konnten die Frauen natürlich wirklich keine Mitarbeiterin gebrauchen, die persönliche Dinge in der Gegend herumposaunte.
"Ich verspreche es."

Sie bedauerte, Clara nicht anrufen und erzählen zu können, wie sehr sie sich auf die neue Tätigkeit freute.
Gewiß, die Damen im Flötenkreis hatten ihr eine Postkarte geschickt und Frau Mertens sogar einen Besuch abgestattet. Dennoch gab es keinen Zweifel daran, daß sie in dieser Runde immer eine Außenseiterin bleiben würde.
Gegenüber Frau Neehm, Frau Rosenstock und Frau Anders empfand sie statt dessen eine innere Verbindung, obwohl sie einander noch kaum kannten.
Möglicherweise lag gerade darin Claras Ablehnung begründet. Vielleicht befürchtete sie, ihre Freundschaft würde dann nicht mehr eine so wichtige Rolle spielen. Gerdas Wut verrauchte, sie nahm sich vor, noch einmal in aller Ruhe mit ihrer Freundin zu sprechen.

Das Frühstück schien ihr doppelt so lange zu dauern wie sonst. Endlich war es soweit und sie konnte den Laptop abholen.
Ihre Geduld wurde allerdings noch länger auf die Probe gestellt, da sie zunächst noch einen Termin bei der Ärztin hinter sich bringen mußte. Zwölf Spritzen waren für diesen Termin geplant.
"Die Behandlung scheint ja gut bei Ihnen anzuschlagen. Sie wirken heute viel fröhlicher als am Anfang."
"Vielen Dank, ich bin zufrieden."
Gerda schmunzelte in sich hinein. Es schien eine Art Naturgesetz zu sein, daß Ärzte immer alle Mißerfolge als etwas Unabänderliches, quasi höhere Gewalt, oder aber die Schuld anderer darstellten. Positive Begebenheiten hingegen führten sie mit absoluter Sicherheit auf ihre eigene Arbeit zurück.

Den wahren Grund für ihre gehobene Stimmungslage behielt sie lächelnd für sich.
"Ich verabreiche heute zusätzlich noch ein schmerzlinderndes Medikament. Wenn später die Beschwerden trotzdem zu stark werden, lassen Sie sich von der Schwester eine Tablette geben."
Die ersten Spritzen entlang der Wirbelsäule waren noch halbwegs auszuhalten. Dies konnte von denen, die direkt in das Gelenk plaziert wurden, nicht behauptet werden. Gerade als die Patientin überlegte, ob sie die Flucht ergreifen sollte, faßte die Ärztin sie bei der Schulter. "Sie haben es geschafft. Ich weiß, es war schlimm heute."
Wie ärgerlich, gerade an diesem Morgen so malträtiert worden zu sein. Ihre gute Laune war verflogen.

Obwohl Gerda kein Wort sprach, sondern sich nur schweigend setzte, riet Frau Weber: "Spielen Sie nicht die Heldin, lassen Sie sich von der Schwester ein Mittel geben."
Bisher hatte sie dies weitgehend vermieden, heute aber wollte sie sich den Tag auf keinen Fall verderben lassen.
Sie besorgte also eine Tablette und legte sich auf ihr Bett. Der Schmerz, der sich regelrecht in das Gelenk hineinzubohren schien, ließ langsam in seiner Intensität nach.
Die Lehrerin begab sich zur Krankengymnastik und Gerda beschloß, endlich die Briefe zu tippen.
Bereits bei der Bearbeitung des ersten Schriftstückes schüttelte sie verwundert den Kopf.
Mit jedem weiteren jedoch steigerte sich ihre Verärgerung. Im Grunde genommen drehte sich immer alles um die gleiche Sache. Durch bestimmte Gegebenheiten waren Menschen krank geworden und brauchten nun die Leistungen, für die sie vorher Jahrzehnte in entsprechende Versicherungen eingezahlt hatten. Gerda glaubte förmlich, die Sprüche der Vertreter zu hören: "Damit Sie

im Notfall abgesichert sind, falls der schlimmste Fall eintreten sollte ...”

Die Realität offenbarte allerdings genau das gegenteilige Geschehen. Wie auch immer der Sachverhalt sich im einzelnen darstellen mochte, die Antwort schien stets auf dasselbe Ergebnis hinauszulaufen. Bedauerlicherweise könne keine Leistungspflicht anerkannt werden, siehe Vertragsbedingung Paragraph XY.

Durch versierte Juristen wurden die Ansprüche der Betroffenen im Gegenteil als Forderungen von Personen dargestellt, die es nur auf die Erschleichung von Geldern abgesehen hatten.

Selbst wenn Kranke sich einen Anwalt leisten konnten, überstieg das Prozeßkostenrisiko doch bei weitem ihre finanziellen Möglichkeiten. Woher sollte ein Mensch, der nicht mehr arbeiten konnte, denn Geld haben, sich durch die Instanzen zu klagen?

In der Folge setzten die meisten ihre Ansprüche gar nicht durch oder ließen sich mit viel zu niedrigen Summen abspeisen.

Gerda fragte sich, wie Sachbearbeiter, Ärzte und Juristen ein solches Verhalten wohl mit ihrem Gewissen vereinbarten.

Vermutlich glaubten sie sich sogar noch im Recht, da der Maßstab ihres Handelns sich an den Bedingungen der Versicherungen orientierte.

Jeder hielt sich an die Vorschriften, ohne deren Folgen für die betroffenen Menschen zu hinterfragen.

Sie beschloß, eine Pause einzulegen und Tee zu trinken.

Wie schafften Frau Neehm, Frau Anders und Frau Rosenstock es bloß, die Ruhe zu bewahren und nicht irgendeinem dieser Herrschaften mit der weißen Weste höchstpersönlich die Gurgel herumzudrehen?

Als sie nach der Unterbrechung weiterarbeiten wollte, klickte sie versehentlich auf ein falsches Symbol. Unverhofft befand sie sich im Explorer. Die Anordnung der Programme und Ordner erinnerte an einen Stammbaum.

Die Bezeichnungen kamen ihr alle bekannt vor. Gerade als sie die

Seite wieder schließen wollte, fiel ihr ein fremder Name auf. “BV” stand da zu lesen.
Warum bloß war dieser eine Ordner nicht wie alle anderen über eine Verknüpfung auf dem Bildschirm angeordnet? Handelte es sich um ein unabsichtliches Versäumnis, oder wollte Frau Neehm ihn bewußt im Verborgenen halten?
Sollte sie ein weiteres Mal ihrer Neugierde freien Lauf lassen oder sich endlich vernünftig benehmen?
Wenn sie ehrlich war, kannte sie die Antwort bereits. Auf keinen Fall würde sie sich die Gelegenheit entgehen lassen, zu erfahren, was der Ordner “BV” beinhaltete.
Ein Doppelklick führte zu einer Vielzahl von Dokumenten.
Sie öffnete “BfA-Reichenbach”. Nach Datum geordnete Schriftwechsel mit dem Rentenversicherungsträger und einer gewissen Frau Reichenbach erschienen.
Gerda wunderte sich. Im Café hatte sie bereits über diesen Fall gelesen. Obwohl die Patientin unheilbar an Magenkrebs litt, wurde ihr Rentenantrag als unbegründet zurückgewiesen. Ein Jahr später verstarb die Frau dann.
Sie überflog die Zeilen nur flüchtig, da sich lediglich alle bekannten Fakten wiederholten.
Welche Bedeutung mochte sich hinter der Existenz dieser zwei verschiedenen Ordner für die gleichen Fälle verbergen?
Plötzlich bemerkte sie, daß ganz am Ende der Akte doch etwas Neues hinzukam.
Es handelte sich um eine Auflistung von Namen, Wohnorten und Bankverbindungen der mit der Angelegenheit befaßten Personen.
Woher kannte Frau Neehm denn diese Einzelheiten, und vor allem, welchem Zweck sollten sie dienen?
Auch im nächsten Dokument ging es zunächst seitenweise um den Briefverkehr einer Frau Wiegand mit der “Wir-sind-für-Sie-da-Versicherung”. Diesen Bericht hatte sie ebenfalls bereits im Café gelesen.

Allerdings befand sich wiederum auf der letzten Seite eine Informationssammlung betreffs zuständiger verantwortlicher Personen.
Sie studierte beide Dokumente gründlich ein zweites Mal.
Tatsächlich entdeckte sie nun noch etwas gänzlich Rätselhaftes, was ihr beim schnellen Durchblättern entgangen war.
Schwarz auf weiß lagen die Zugangsdaten zu Zentralrechnern diverser Institutionen vor ihren Augen.
Eine darunter aufgeführte Zahlenliste schien damit in Zusammenhang zu stehen.
"Korrekturen" lautete deren Überschrift.
Gerda vermochte sich mit dem besten Willen keinen Reim auf die Sache zu machen.
Es klopfte an der Tür.
Schnell schloß sie den geheimen Ordner.
"Herein."
Clara stand vor ihr.
"Können wir miteinander reden?"
"Bitte warte ein paar Minuten. Ich bringe den Laptop zurück, dann können wir zusammen in die Stadt fahren."
"Zum Italiener möchte ich heute aber nicht unbedingt", scherzte die Kommissarin.
"Nein, ich auch nicht. Laß uns griechisch essen gehen."
Eine halbe Stunde später saßen sie sich im Restaurant "Akropolis" gegenüber.
Beide bestellten nur eine warme Vorspeise.
"Mein Verhalten muß dir völlig unverständlich erschienen sein, deshalb verstehe ich deine Wut. Ich kann dich nur inständig bitten, den Kontakt zu der Gruppe sofort abzubrechen, auch wenn ich dir den Grund dafür leider nicht nennen darf."
"Hat es etwas mit der Rentenversicherungsanstalt und der ‚Wir-sind-für-Sie-da-Versicherung'zu tun?"
Clara blieb fast der Bissen im Halse stecken.

“Woher weißt du das, ich meine, wurdest du so schnell eingeweiht?”

“Nein, ich sollte nur Briefe tippen. So richtig verstehe ich auch gar nicht, um was es geht. Mir kamen nur ein paar Dinge seltsam vor.”

In kurzen Worten erläuterte sie ihre Entdeckungen.

Die Augen ihrer Freundin weiteten sich.

“Du hast aus Neugierde herumgestöbert?”

“Ja, ich weiß, so etwas gehört sich nicht. Würdest du mir jetzt trotzdem bitte erklären, was du mit der Angelegenheit zu tun hast?”

“Eigentlich fällt es unter das Dienstgeheimnis. Aber du läßt ja sowieso nicht locker, bis du alles weißt.”

Clara berichtete nun von manipulierten Dateien, die alle im Zusammenhang mit kranken und behinderten Frauen standen.

“Die Bundesversicherungsanstalt, Krankenkassen, Arbeitsämter, private Versicherungen, aber auch einzelne Verantwortungsträger wurden um riesige Summen erleichtert. Meiner Einschätzung nach liegt die Dunkelziffer sogar noch um ein Vielfaches höher. Ich vermute, in vielen Fällen wurden die Veränderungen bis heute noch gar nicht bemerkt. Die Vorgänge, die man bisher entdeckt hat, halte ich nur für die Spitze des Eisberges.”

“Was geschah mit dem Geld?”

“Die Verdächtigten haben keinen einzigen Cent für sich persönlich abgezweigt. Dadurch fiel es mir auch so schwer, überhaupt die Motivation zu begreifen, und es brachte mich in Beweisnot. Aber das spielt ja nun alles keine Rolle mehr.”

“Wieso, was ist geschehen?”

Mißmutig starrte die Polizistin vor sich hin.

“Mein Vorgesetzter hofft schon wieder auf die nächste Beförderung. Als ich die Angelegenheit grundsätzlich durchschaut hatte und nur noch die letzten Beweise sammelte, entzog er mir den Fall. Er ist nun wohl sicher, die Lorbeeren für sich alleine einheimsen zu können. In den nächsten Tagen zieht sich die Schlinge zu. Es

sind bereits Hausdurchsuchungen geplant. Nach deinem Bericht zu schließen, wird er ja auch fündig werden. Danach steigt er garantiert wieder eine Stufe auf der Karriereleiter nach oben."
"Oder er stolpert und blamiert sich", Gerda lächelte versonnen.
"Mach bloß keinen Unfug und halte dich ab jetzt unbedingt von den Frauen fern. Zu schade, daß ich keine Befugnisse mehr habe, sonst würde ich den Laptop beschlagnahmen."
"Und damit deinem Vorgesetzten die Beförderung, die dir zustehen würde, noch auf dem Silbertablett servieren!"
Die Kommissarin schwieg.
"Ich muß zurück in die Klinik. Mach dir keine Sorgen mehr um mich."
"Das fällt mir schwer, wer weiß, was du wieder anstellst!"

Entschlossen begab sich Gerda zu Zimmer 608, öffnete die Tür ohne anzuklopfen und verlangte unverzüglich Antworten auf ihre Fragen.
"Was passiert mit den Geldern, die Sie durch die Veränderung der Daten erhalten?"
"Setzen Sie sich doch. Ich bin erstaunt und erfreut, wie schnell Sie unsere Arbeit verstanden haben."
Frau Neehm lächelte hintergründig.
"Wie wir Ihnen bereits ausführlich erläuterten, ist es unser Ziel, kranken und behinderten Frauen zu helfen."
"Soll das ein Scherz sein? Sie haben mich glauben gemacht, es ginge um die Unterstützung gegenüber Behörden und ähnlichem."
"Genau das ist auch der Fall. Wir probieren es stets zunächst auf dem legalen Wege. Leider kommt es immer wieder vor, daß Recht haben und Recht bekommen nicht identisch ist. Dann wird Geld benötigt, um Prozesse zu führen und auch ansonsten Betroffenen unter die Arme zu greifen. Ob Sie es mir glauben oder nicht, aber wir haben uns niemals bereichert. Unsere Gruppe versteht sich als ehrenamtlich tätig."

Trotz der ernsten Situation mußte Gerda lachen.
“Unter einer ehrenamtlichen Tätigkeit verstehe ich ein bißchen etwas anderes.”
“Wir sind kein Wohltätigkeitsverein, der sich mit Ansprachen, Spenden sammeln und einem Weihnachtsbasar zufriedengibt. Wir leisten konkrete Hilfe.”
“Reden Sie nicht drum herum, ich will alles wissen.”
“Dann sollten wir woanders weitersprechen.”

Gerda lief durch den Kurpark und überlegte. Nur ihre eigenen Schritte und der leise Aufschlag des Stockes auf dem kiesbestreuten Weg waren zu hören.
Es gab keine Beschönigung für die objektiven Tatsachen. Frau Neehm, Frau Anders und Frau Rosenstock verstießen massiv gegen das Gesetz.
Ob sie wohl als Kinder zuviel Robin Hood gespielt hatten?
Wüßte Clara um das wirkliche Ausmaß der Angelegenheit, fiele sie in Ohnmacht.
Am Rande des angelegten Teiches ruhte sich die Spaziergängerin aus und beobachtete einen Fischreiher. Er stand still wie eine Statue.
Bald wäre die Polizei in der Lage, jeden einzelnen Vorgang nachzuvollziehen. Das Geld konnten sie allerdings nicht mehr beschlagnahmen, denn davon waren Prozesse geführt, Wohnungen behindertengerecht umgebaut und Hilfsmittel für die häusliche Pflege angeschafft worden.
Wem würde die Aufklärung des Falles also nützen?
Nur eines stand fest, die drei Frauen wanderten für die nächsten Jahre ins Gefängnis. Bei dieser Geschichte kämen sie nie und nimmer mit einer Geld- oder Bewährungsstrafe davon.
Der Reiher stieß mit einer blitzschnellen Bewegung den Schnabel unter Wasser.

Als er wieder auftauchte, war ihm die Beute offensichtlich entwischt.

“Morgen werden Sie entlassen.”
“Jetzt schon?”
“Freuen Sie sich denn nicht, die Behandlung hinter sich zu haben?”
“Doch, natürlich. Ich dachte nur ... ich meine, es ist überraschend plötzlich.”
“Inwiefern? Die geplanten sechs Wochen sind um.”
Die Ärztin blickte die Patientin verwundert an.
“Also, wir sehen uns morgen früh um zehn Uhr zur Abschlußuntersuchung.”

Zu Hause angekommen, freute Gerda sich über die warme Wohnung. Ein Feuer brannte, Clara hatte die Blumen gegossen und den Briefkasten geleert. Im Kühlschrank befand sich frische Milch und Gemüse. Auf dem Wohnzimmertisch stand sogar ein kleines Blumensträußchen.
Es klingelte an der Haustür. Als sie öffnete, warfen die Hunde sie vor Freude fast um.
“Willkommen zu Hause. Wir haben uns einen kurzen Spaziergang gegönnt.”
Gerda setzte Teewasser auf und fragte: “Wenn du mit dieser Versicherungsgeschichte nichts mehr zu tun hast, an was für einem Fall arbeitest du dann eigentlich gerade?”
“An einer Bestechungssache. Ein bekannter Politiker hat sich anscheinend für die Erteilung kommunaler Bauaufträge große Summen auf sein privates Konto zahlen lassen.”
“Wirst du ihn überführen?”
“Vielleicht, aber selbst wenn, wird er deshalb noch lange nicht vor Gericht verurteilt werden. Er wäre zumindest nicht der erste, der

es schafft, sich mit gewieften Anwälten und guten Beziehungen aus der Schlinge zu ziehen."
Gerda nickte.
"Schau mal", strahlte Clara und überreichte der Freundin einen Marmorkuchen.
"Der einzige, den ich backen kann. Wir sind froh, daß du wieder da bist."
Die Hunde wedelten.
"Siehst du, sie stimmen mir zu."
"Ich glaube eher sie hoffen, daß du ihnen gleich wieder Krümel vom Tisch wirfst. Wie steht es eigentlich um die Beförderung deines Vorgesetzten?"
"Von wegen Beförderung! Er erhielt heute vom Polizeipräsidenten eine ordentliche Standpauke."
Die Polizistin legte die Tageszeitung auf den Tisch.
"Schachmatt, Herr Hauptkommissar?", lautete die fettgedruckte Schlagzeile.
Gerda las weiter: "Drei ältere Damen, davon eine blind und eine an den Rollstuhl gefesselt, erlebten am Donnerstag eine böse Überraschung. Vorübergehend wurden sie von Hauptkommissar Bauer festgenommen, nachdem sie vorher noch eine Hausdurchsuchung über sich ergehen lassen mußten. Eine der Beschuldigten wurde sogar im Polizeiwagen aus dem Krankenhaus geholt. Bauer vermutete, bei den dreien handele es sich um die gesuchten Hacker, welche diverse Institutionen durch Datenmanipulationen um Millionensummen erleichtert haben. Beweise konnte er für diese kühne Behauptung allerdings nicht liefern.
Die Computer der Beschuldigten wurden von Experten einer Sonderkommission sichergestellt und untersucht. Statt irgendwelcher Indizien fanden die Spezialisten lediglich eine Vielzahl gespeicherter Schachpartien vor.
Die Festgenommenen erklärten, daß sie einen Damen-Schach-Club gegründet hätten.

Auf die Frage eines Journalisten, wie denn die letzte Partie ausgegangen sei, lautete die Antwort der Frauen: ‚Remis'."

Clara forderte Gerda auf: "Nimm dir ein Stück Kuchen, du hast dir nach all diesen Strapazen eine Stärkung redlich verdient."

Puppentheater

Gerda las den Brief mit gemischten Gefühlen. Es hatte ihr viel Kraft abverlangt, nicht mehr ständig an früher zu denken, und nun lag dieses mit einer bunten Fünfunfzwanzig geschmückte Schreiben auf dem Küchentisch. Natürlich wäre es möglich, abzusagen. Doch genauso stark wie der Wunsch, mit der Vergangenheit abzuschließen, war das Gefühl, unbedingt an den Ort zurückkehren zu wollen, der viele Jahre den Mittelpunkt ihres Lebens darstellte.
Der Kindergarten feierte fünfundzwanzigjähriges Bestehen. Noch heute erinnerte sie sich genau an die Arbeit in der einst neu gegründeten Einrichtung. Die damalige Leiterin war eine Ordensschwester gewesen. Wie sehr hatte Gerda sich vor ihr gefürchtet. Für Schwester Gottesburga stellten Disziplin, Sauberkeit und Gebet die wichtigsten Eckpfeiler im Leben dar. Darum erhielt sie von den Kolleginnen bald den Spitznamen "Die Heilige".
Jeden Morgen kontrollierte sie persönlich, ob die Fingernägel der Kinder schwarze Ränder aufwiesen. Wer einer solchen Unsauberkeit überführt wurde, mußte sich vor die Gruppe stellen und gestehen: "Ich bin ein Schmutzfink."
Ähnlich erging es jenen, in deren Täschchen kein sauberes, gebügeltes Stofftaschentuch lag. Statt zu erlauben, Toilettenpapier zu benutzen, wurde das Kind gezwungen, den Schnupfen laufen zu lassen und im Stuhlkreis zu bekennen: "Ich bin eine Rotznase." Als junge Erzieherin, die eben erst die Fachschule für Sozialpädagogik absolviert hatte, schien es Gerda unmöglich zu sein, offenen Widerspruch zu wagen. Damals wußte sie sich keinen anderen Rat, als möglichst schnell, bevor "die Heilige" etwas davon mitbekam, kleine Mißgeschicke der Kinder in Ordnung zu bringen. Dabei galt es allerdings zusätzlich aufzupassen, nicht von den sogenannten braven Mädchen beobachtet zu werden. Diese zeigten Schwester Gottesburga sonst nicht nur die Untat des Kindes, sondern auch noch den Vertuschungsversuch an.

Sie erinnerte sich noch genau an den Tag, als Hatun von ihrer türkischen Mutter gebracht wurde. Die Leiterin verweigerte zunächst strikt die Aufnahme. Dem Pfarrer, der besonders in der Mission Ungläubiger engagiert war, gelang es jedoch schließlich, sie von der besonderen Wichtigkeit dieser Aufgabe zu überzeugen. Im Stuhlkreis wurde Hatun als “das arme Heidenkind” vorgestellt. Beim Beten vor den Mahlzeiten und bei der Feier christlicher Feste mußte das “Türkenmädchen” draußen vor der Zimmertür stehen. Ansonsten sollte Gerda ihm jeden Tag ein Bilderbuch oder eine Geschichte mit biblischen Begebenheiten an einem separaten Tisch zeigen. Trotz der mißbilligend hochgezogenen Augenbrauen “der Heiligen” nahm sie Hatun dabei auf den Schoß. Waren Schwester Gottesburga und die braven Mädchen außer Hörweite, erfand sie einfach andere lustige Geschichten und freute sich, wenn das stille Kind sie schüchtern anlächelte.
Auch wenn eine Erzieherin eigentlich alle Schützlinge gleich gerne haben sollte, nahm Gernot immer einen besonderen Platz in ihrem Herzen ein. So sehr sie sich bemühte, heimlich seine Fingernägel zu reinigen, und ihm sogar vom eigenen Geld Stofftaschentücher ins Täschchen legte, war er der Leiterin stets ein Dorn im Auge. Dies lag zum einen daran, daß er der Sohn einer unverheirateten Frau war. Zum anderen aber senkte er trotz seines jungen Alters vor Schwester Gottesburga nie den Blick und weigerte sich, vor der Gruppe Untaten zu gestehen. Das hartnäckige Schweigen des Jungen brachte die Leiterin in einen sehr unheiligen Zorn, dem sie des öfteren mit kräftigen Ohrfeigen Ausdruck verlieh. Nachdem er ihr daraufhin einmal ins Gesicht gespuckt hatte, durfte er den Kindergarten nicht mehr betreten.
Gerda schüttelte den Kopf. Glücklicherweise spiegelten solche Geschichten nicht mehr die Realität heutiger Einrichtungen wider. Immerhin, ihr als junger Frau hatte diese Leiterin so manchen Tag zur Hölle gemacht.

Sie kochte einen Kaffee. Ein dickes Buch könnte sie mit solchen Erinnerungen füllen. Ob "die Heilige" auch zu der Feier käme?
In der Einladung wurden die Gäste gebeten, einen Beitrag zu der Feierlichkeit zu leisten. Da sicherlich schon zahlreiche Angebote vorlagen, leckere Speisen mitzubringen, wollte Gerda sich lieber mit etwas anderem nützlich machen. Vielleicht wäre es eine gute Idee, ein kleines Theaterstück vorzuführen. Allerdings hatten ihr die Puppen im Kindergarten schon damals nicht gefallen. Deshalb beschloß sie, handgefertigte Figuren mit geschnitzten Holzköpfen und genähter Kleidung zu besorgen. Die Bühne könnte sie selbst bauen. Am besten mit einem Gestell, das sich leicht auseinandernehmen und zusammenlegen ließ.

Amalasuntra und Dunkelfell liefen unruhig hin und her.
"Ihr habt ja recht, eigentlich wollten wir spazierengehen, und dann hat mich der Brief so lange aufgehalten. Jetzt ist Schluß mit dem Herumtrödeln!"
Gemeinsam verließen sie das Haus. Als die Hunde auf dem Feld endlich frei laufen durften, wühlten sie sofort nach Mäusen.
Weshalb sie den Rückweg so wählte, daß sie am Kindergarten vorbeikam, hätte sie nicht logisch begründen können. Um diese Zeit waren die Kleinen längst abgeholt worden. Während die Vierbeiner vor dem Zaun warteten, schlenderte sie über das Gelände. Warum nur lagen noch immer die Baumaterialien unter dem Vordach? Es war doch bereits bei ihrem Ausscheiden geplant gewesen, die Außenanlage neu zu gestalten. Die Hölzer, mit denen ein Abenteuerspielplatz errichtet werden sollte, befanden sich ebenfalls noch abgedeckt unter Dachpappe. Die wenigen Metallgerätschaften stammten noch aus den Anfängen der Einrichtung und waren für phantasievolles Spielen völlig ungeeignet.
"Schön, Sie mal wiederzusehen".
Der Hausmeister nickte freundlich.
"Wann soll es hier denn weitergehen?"

"Leider gar nicht. Der neue Bürgermeister hat die Zuschüsse gekürzt, es kann keine Firma beauftragt werden."
"Da wird ja wieder mal genau am richtigen Platz gespart!"
Ihr Gegenüber zuckte mit den Achseln.

Gerda studierte im lokalen Wochenblatt die Rubrik "KFZ-Verkauf". Der Plan, den sie sich in den Kopf gesetzt hatte, war sehr verwegen – für sie zumindest. Ihr war klar, daß anderen Personen schwerlich vermittelbar wäre, welchen Mut dieses Vorhaben sie kostete. Heutzutage war es selbstverständlich, in der Welt herumzureisen, selbst die Damen des Flötenkreises berichteten von Flügen zu fernen Kontinenten. In ihrer Jugend jedoch gab es nur Tagesausflüge in die Umgebung. Als Erwachsene war sie auch nicht viel weiter gekommen. All die Jahre empfand sie dies in keiner Weise als Mangel. Doch das änderte sich schlagartig beim Blick auf ein blühendes Lavendelfeld. Es geschah an einem Donnerstag. Sie blätterte im Wartezimmer des Orthopäden in den ausliegenden Zeitschriften. Weder Berichte aus europäischen Adelshäusern noch Vergleiche zwischen verschiedenen Sportwagen vermochten ihr Interesse zu wecken. Um so unvorbereiteter fiel ihr Körper in das abgebildete Landschaftsphoto hinein. Es fühlte sich einen Moment lang tatsächlich so an, als sei sie als reale Person plötzlich in ein Meer von Violett hineingestolpert. Selbst den Duft meinte sie wahrzunehmen. Er war ihr vertraut, denn bereits im ersten Frühjahr, in dem sie das Haus bewohnte, pflanzte sie solche Stauden im Garten.
"Sie sind aufgerufen worden" – ein Herr stieß sie mit dem Ellenbogen an.
Seit diesem Tag stand ihr Entschluß fest, dort hinzufahren. Doch das war objektiv betrachtet kein leichtes Unterfangen. Nicht, weil es ihr verborgen geblieben wäre, wo jenes Ziel sich befand. In dikken Lettern stand der Name auf Glanzpapier gedruckt: Provence. Obwohl die Landschaft in Südfrankreich und somit normalerweise

gar nicht in unerreichbarer Ferne lag, konnte sie die Strecke nur schwerlich überwinden. Eine Zugfahrt mit Gepäck und zwei Hunden wäre eine viel zu große Strapaze geworden. Abgesehen davon wollte sie sowieso nicht gerne alleine fahren, sondern am liebsten gemeinsam mit Clara. Dann wären sie zu fünft, denn Grün käme ja auch noch mit. Für die üblichen Wegstrecken war ihr Kombi bestens geeignet. Aber über tausend Kilometer mußten anders überbrückt werden. Ihr Rücken erlaubte ihr nicht, längere Zeit in derselben Position zu verharren. Sie bräuchte eine Liegemöglichkeit. Natürlich war ihr bewußt, daß die Lösung, die sie für dieses Problem gefunden hatte, eigentlich verboten war. Deshalb verriet sie Clara auch nichts von solchen Absichten, sondern plante, ihrer Freundin die Reise als Geburtstagsüberraschung zu schenken. Es wäre sicherlich kein Problem, ihr vorher zu sagen, sie solle ein paar Sachen einpacken. Die Kommissarin würde höchstens vermuten, es gebe eine gemeinsame Tour in den Harz oder an den Bodensee.
Gerda kreuzte alle grundsätzlich in Frage kommenden Fahrzeuge rot an. Beim genaueren Durchlesen erschien ihr ein ehemaliges Bustaxi die nötigen Kriterien zu erfüllen. Sie vereinbarte einen Besichtigungstermin.

Während der Zubereitung des Essens überlegte sie, mit welchen Figuren das Theaterstück am besten gespielt werden könnte. Am frühen Nachmittag fuhr sie in die Stadt. Seit der Berentung hatte sie keinen Fuß mehr über die Schwelle des Spielwarengeschäftes gesetzt. Früher tätigte sie hier des öfteren für die Einrichtung Besorgungen. Der Verkäufer erkannte sie sofort und blickte fragend auf den Stock.
In dem Laden schien die Zeit stehengeblieben zu sein. Auf Anhieb erinnerte sie sich, wo Seifenblasen, Brettspiele und Bilderbücher standen. Die Figuren mit den handgeschnitzten Holzköpfen hingen an einer langen Stange vor dem Fenster. Nach der Auswahl

von vier Puppen blieb ihr bis zum Besichtigungstermin in dem Autohaus immer noch eine Stunde Zeit. Sie schlenderte durch die nahe gelegene Buchhandlung und erwarb einen Südfrankreich-Reiseführer.

Das Fahrzeug schien sich in gutem Zustand zu befinden. Nach einer Probefahrt entschloß sie sich zum Kauf.
"Kann ich den Kombi dafür in Zahlung geben?"
"Kein Problem."
"Aber ich brauche den Bus erst in einigen Wochen."
"Wenn Sie heute unterschreiben, ist das machbar."
Voller Stolz steckte sie den Vertrag in die Tasche und lief Richtung Marktplatz. Es gab keinen Grund zur Eile, und die Biskuitrolle in der Auslage des Cafés sah zu verlockend aus.
Nach dieser Stärkung nahm sie ihr letztes Vorhaben in Angriff.
"Ich möchte ein Ferienhaus in der Provence mieten."
"Für Sie alleine?"
"Nein, für zwei Personen und drei Hunde."
Die Dame im Reisebüro blickte auf.
"Drei Hunde? Das wird schwierig!"
Sie reichte der Kundin mit dem ungewöhnlichen Wunsch einen Katalog.
"Bei manchen Objekten ist ein Haustier erlaubt. Suchen Sie sich bitte mehrere Möglichkeiten aus, dann frage ich telephonisch bei den Besitzern nach."

Morgen würde im Kindergarten die Jubiläumsfeier stattfinden. Am besten überlegte sie sich schon heute, was sie anziehen wollte. Glücklicherweise stellte diese Frage kein Problem mehr dar, sie brauchte weder im Kleid noch im Kostüm zu erscheinen. Gerda schmunzelte in sich hinein. Sie mußte daran denken, wie Schwester Gottesburga sich ereiferte, als Frauen begannen, Hosen und Miniröcke zu tragen. Erstere bezeichnete sie als "Mannweiber"

und zweitere fielen in die Kategorie “gefallene Mädchen”. Damals hätte Gerda es sich also nie wagen können, in etwas anderem zu erscheinen als in einer weißen, gestärkten Bluse und einem Rock, der das Knie bedeckte.
Ob die Schwester wohl auch zu der Feier käme? Ausgeschlossen war das nicht, denn wäre die ehemalige Leiterin zwischenzeitlich gestorben, hätten die Kolleginnen doch sicherlich davon berichtet.

An Leckereien mangelte es auf dem Fest wirklich nicht. Kuchen, Torten, Waffeln, Salate und Häppchen aller Arten wurden geboten, an einem Stand wurde sogar frisches Popcorn und Zuckerwatte zubereitet.
Die Kinder vergnügten sich mit Dosenwerfen und Kostümieren, besonders die Hüpfburg fand großen Anklang.
Eine alte Ordensschwester wurde im Rollstuhl auf den Platz gefahren.
Gerda erkannte sie sofort. Weder das fortgeschrittene Alter noch die offensichtliche Erkrankung ließen einen Zweifel aufkommen, wer eben erschienen war.
“Na, rätst du, wer uns da die Ehre gibt?”
Sie fühlte einen Stoß mit dem Ellenbogen in ihrer Seite. Irmgard, eine der Erzieherinnen, stand feixend neben ihr.
“Wir wußten bis zum letzten Moment nicht, ob sie kommt, naja, das wußte sie vielleicht selber nicht.”
“Wieso?”
“Sie hat Alzheimer.”
In Irmgards Stimme schwang etwas wie Schadenfreude mit. Gerda betrachtete die im Rollstuhl leicht zusammengesunkene Gestalt. Die Bilder des furchteinflößenden Regiments von Schwester Gottesburga standen ihr lebhaft vor Augen und wollten gar nicht zu der realen Person passen. Nun war die Möglichkeit, mit ihr über die damalige Zeit zu sprechen, endgültig vorbei. Besonders befremd-

lich aber war die Tatsache, daß der ehemaligen Leiterin durch den mit der Alzheimer-Krankheit verbundenen Gedächtnisverlust vermutlich sämtliche Erinnerungen an die frühere Tätigkeit verlorengegangen waren.
Gerda empfand weder Genugtuung noch Mitleid. Ihre jahrelange Wut verrauchte, sie machte keinen Sinn mehr.

Um 16.00 Uhr begannen die Darbietungen. Es wurden Lieder gesungen und Gedichte vorgetragen.
Als nächster Punkt stand Gerdas Aufführung auf dem Programm. Sie schlüpfte mit den Händen in die Puppenkleider und führte mit den Zeigefingern die Köpfe. Warum es im Publikum plötzlich unruhig wurde, konnte sie nicht sehen. Kaum hatte sie jedoch die Figuren einige Sätze sprechen und sich bewegen lassen, riß jemand sie grob hinter der Bühne weg. Kasper und Krokodil fielen zu Boden. Schwarze Stiefel trampelten darauf herum. Das Fell des Wolfes wurde mit einem Feuerzeug angesteckt, Gretel als Wurfgeschoß gegen die Zuschauer verwendet. Kurz darauf wurde eine türkische Mutter beschimpft, der halbseitengelähmte Alexander umgestoßen und mit Dosenbier übergossen.
Obwohl beide schwarze Motorradhauben trugen, war es anhand von Statur und Stimmen leicht abzuschätzen, daß es sich um zwei junge Männer handelte. Der kleinere von ihnen hielt plötzlich mitten in der Bewegung inne und starrte auf die Ordensschwester. Diese schien den Blick nicht zu bemerken. Er begann zu brüllen, doch die Stimme brach weg, seine unartikulierten, heiseren Schreie klangen um so furchteinflößender. Gleich einem stockenden Zahnrad bewegte er sich mit langsamen, abgehackten Bewegungen zu ihr hin und hob sie ruckartig hoch. Als sei er über die Leichtigkeit des Opfers erstaunt, hielt er es noch eine Weile in der Luft schwebend. Vielleicht irritierte es ihn auch, daß die Angegriffene weder schrie noch schimpfte, sondern einfach nur teilnahmslos in seinen Armen hing. Er setzte das schwarzweiße Bündel wieder in den

Stuhl zurück, faßte Schwester Gottesburga am Kinn und blickte in ihre Augen, als suche er dort eine Antwort auf etwas. Dann ließ er los, richtete sich auf und spuckte von oben hinunter mitten in ihr Gesicht. Speichel lief an der Wange der alten Frau hinab. Sie wischte ihn nicht weg. Der Maskierte nickte seinem Kumpanen zu, und beide verschwanden so schnell, wie sie gekommen waren.

Die Sirene eines Polizeifahrzeuges ertönte immer lauter, kurz darauf führten mehrere Beamte Befragungen durch.

Gerda sammelte die Puppen ein und baute die Bühne auseinander.

Claras Chef stand unverhofft vor ihr.

“Ich kenne einen der Täter”, ihre Stimme klang leise. Als sie zu Ende gesprochen hatte, schüttelte Hauptkommissar Bauer den Kopf. Sie spürte, daß er ihre Ausführungen für ausgemachten Unsinn hielt.

Am Abend stand Clara unangemeldet vor der Tür.

“Mein Chef hat mir von dem Überfall auf den Kindergarten berichtet. Erzähl mir doch bitte noch einmal genau, auf was sich dein Verdacht gründet.”

Gerda erläuterte in knappen Worten ihre Überlegungen.

“Selbst wenn du recht hättest, kämen wir damit bei keinem Gericht durch.”

Die Kommissarin sah sie ernst an.

“Bitte komme nicht auf die Idee, auf eigene Faust etwas zu unternehmen. Solche Leute kennen keine Skrupel.”

Am nächsten Tag betrachtete Gerda die Puppen. Natürlich wäre es möglich, sie notdürftig zu reparieren. Aber vielleicht sollte sie das gerade nicht tun. Es erschien ihr, als verfälsche sie damit die Wahrheit. So wie das offizielle Bedauern des Bürgermeisters über den “unerfreulichen Zwischenfall”, wie er es nannte, nichts ungeschehen machen konnte.

Im nachhinein fragte sie sich auch, warum sie nur wie versteinert daneben gestanden hatte und nicht mit den über sechzig anderen Gästen versucht hatte, einzugreifen.
Gewiß, sie waren alle von den Geschehnissen völlig überrumpelt worden. Aber reichte das als Erklärung?
Aus ihrer eigenen Jugend kannte sie jedenfalls keine Ermutigung, Widerstand zu leisten. Darum vermochte sie es als junge Frau ja auch nie, sich offen gegen das Regiment der Schwester Gottesburga aufzulehnen.

Die Anrufe in den Kindergärten verliefen erfolgreich. Alle Leiterinnen erklärten sich mit dem Angebot einverstanden. Zugegebenermaßen vereinfachte die Tatsache, daß Gerda auf ein Honorar verzichtete, die Entscheidung ganz erheblich.
Um die Idee zu erproben, baute sie im Wohnzimmer die Bühne auf, deren abgebrochene Ecken reparierte sie nicht. Zu ihrem eigenen Erstaunen schienen die Figuren wie von selbst zu sprechen.
Eine Woche später fand im Kindergarten der Nachbargemeinde die Premiere des Theaterstückes statt. Sein Titel lautete: "Der Wolf brennt." Selbst hinter dem Holzgestell konnte Gerda das Erstaunen über die angeschlagenen, schmutzigen Puppen spüren.
Kasper, Krokodil und Gretel erzählten, was an jenem Tage im St.-Vincent-Kindergarten vorgefallen war.
Der Wolf mit dem angesengten Fell und der verkohlten Schnauze berichtete, daß niemand ihnen und den angegriffenen Menschen geholfen hatte.
Die Puppen überlegten nun gemeinsam mit den Zuschauern, wie man sich in so einem Falle zur Wehr setzen könnte. Einige Kinder forderten, mit vereinten Kräften die Männer festzuhalten und sie anschließend zu zwingen, ihre Tat wiedergutzumachen. Sie verlangten, die Bösewichte sollten die riesigen Spülberge des Festes abwaschen und anschließend auch noch den großen Hof kehren.

Genau nach diesen Anweisungen spielte Gerda das Stück nun ein zweites Mal.
Zu Hause schenkte sie sich ein Gläschen Portwein ein und ließ nochmals alle Szenen vor ihrem geistigen Auge vorüberziehen.
Der Schluß entlockte ihr ein Schmunzeln. Wenn alles so einfach wäre! Aber im Grunde genommen hatten die Kleinen doch eigentlich sogar recht. Was hätten Kasper, Krokodil, Gretel und der Wolf davon gehabt, wenn die Männer von einem Wachtmeister abgeführt worden wären?
Je länger sie darüber nachdachte, um so einleuchtender erschien ihr die Lösung der Kinder.
Sie war überzeugt davon, einen der Täter zu kennen, und in ihr verdichtete sich die Gewißheit, mit ihm sprechen zu wollen. Unter tausend anderen Fünfjährigen hätte sie ihn wiedererkannt. Doch er war schon lange kein kleiner Junge mehr, sondern ein Mann. Wie um alles in der Welt also sollte sie ihn finden?
Eine Möglichkeit bestünde darin, chronologisch seinem Lebenslauf zu folgen. Vielleicht könnte sie die ehemalige Grundschullehrerin unter einem Vorwand treffen?

Es funktionierte auf Anhieb. Frau Crainfeld fand die Idee, ein Ehemaligentreffen ins Auge zu fassen, ganz ausgezeichnet. Gerda versprach nichts Konkretes, aber sie schaffte es während des Gespräches, einiges über den weiteren schulischen Verlauf der Kinder zu erfahren. Zum Schluß holte Frau Crainfeld ein Album hervor, in denen Bilder von Klassenfahrten eingeklebt waren.
Gerda bat, eines der Photos ausleihen zu dürfen. Es zeigte drei Jungen vor einem Elefanten.
"Da haben wir einen Zirkus besucht."
"Falls ich es tatsächlich bewerkstelligen sollte, dieses Treffen zu organisieren, verwende ich es für die Einladungskarten."
Auch in der Realschule, zu der sie sich anschließend begab, klappte alles wie am Schnürchen. Sie selbst fand ihre Geschichte ja etwas

an den Haaren herbeigezogen, doch solange niemand sich wunderte, konnte es ihr egal sein. Nie hätte sie zu hoffen gewagt, daß der Lehrer so genau Bericht darüber zu erstatten vermochte, welche seiner früheren Schüler anschließend ein Gymnasium oder eine Ausbildung absolvierten. Dem Mann mußte wirklich ein gutes Gedächtnis bescheinigt werden. Beim Verabschieden zeigte sie ihm das Photo mit dem Elefanten. Der Lehrer schlug vor, er werde zu Hause ein Bild mit denselben Zöglingen heraussuchen.
"Nehmen Sie doch drei in Folge, aus der Kindergartenzeit, beim Zirkusbesuch und dann vom Abschlußfest der Realschule. Ich schicke es Ihnen, sobald ich etwas Passendes gefunden habe."

Die Schreinerei befand sich im Zentrum der Kreisstadt. Dort hoffte sie zu erfahren, ob der Gesuchte die Ausbildung abgeschlossen und wo er möglicherweise eine Arbeitsstelle gefunden hatte.
Der Meister beantwortete freundlich alle Fragen.
"Haben Sie ihn nach der bestandenen Gesellenprüfung übernommen?"
"Nein, schon als Lehrling mußte ich ihn verwarnen, keinen Alkohol während der Arbeitszeit zu trinken und ausländische Kollegen nicht durch abschätzige Bemerkungen zu verärgern. Ich befürchtete, da sei auf Dauer Ärger vorprogrammiert."
"Wissen Sie, ob er in einem anderen Betrieb untergekommen ist?"
"Davon ist mir nichts bekannt. Ab und zu sehe ich ihn in der Fußgängerzone und wie mir scheint, in sehr zweifelhafter Gesellschaft."

Bereits zwei Tage später traf die versprochene Post des Lehrers ein. Gerda legte beide Bilder nebeneinander. Während sie den Gesuchten auf der Abbildung mit dem Elefanten sogleich erkannt hatte, mußte sie bei dem zweiten Photo mehrmals hinsehen.
Sicherlich hatte sich sein Äußeres inzwischen noch weiter verän-

dert. Möglicherweise war sie ihm sogar schon begegnet, ohne es zu bemerken. Das Realschulbild könnte immerhin eine kleine Hilfe sein, ihn zu finden.

Am Nachmittag begab sie sich in das Marktcafé und bestellte ein Vanille-Eis mit heißen Himbeeren. Alle Leute, die durch die Fußgängerzone liefen, kamen früher oder später hier vorbei. Der Platz vor dem Fenster bot eine Kulisse aus renovierten Fachwerkhäusern. Die gegenüberliegende Auslage eines Schuhgeschäftes wurde von einer grauhaarigen Frau in Tracht begutachtet. In den umliegenden Dörfern gab es in der älteren Generation noch Bäuerinnen, die solche Kleidung trugen. Fast skurril wirkte es, als zwei Leute sie ansprachen. Gerda bedauerte, von dem Gespräch nichts verstehen zu können. Die vielleicht zwanzigjährige Frau trug eine blaugefärbte Hochfrisur. Ihr Begleiter hatte die eine Kopfhälfte kahlrasiert, auf der anderen sträubten sich orange seine Haare in alle Richtungen. An der Leine führte er einen jungen Hund, dessen Rasse unmöglich zu bestimmen war. Vielleicht bettelten die beiden um Geld. Die Angesprochene zückte aber keineswegs die Börse, sondern entnahm ihrem Einkaufskorb einen halben Fleischwurstring. Dabei deutete sie auf den Hund. Die jungen Leute nickten. Der Vierbeiner ließ sich nicht lange bitten und vertilgte die Gabe. Für einen Moment lang schien über dem Marktplatz ein Lächeln zu liegen.

Zwei Stunden später gab Gerda ihren Beobachtungsposten auf und fuhr nach Hause.

Hinter dem Gartenzaun warteten nicht nur Dunkelfell und Amalasuntra, sondern auch Clara und Grün.

“Habt ihr Lust, uns auf dem Übungsplatz Gesellschaft zu leisten?”

“Wir kommen mit.”

Die Kollegen der Kommissarin kannten die drei Gäste bereits. Anfangs versuchte der Ausbilder noch demonstrativ vorzuführen, wie

richtige Hundeerziehung zu erfolgen habe. So vertrat er die Auffassung, daß die Schutzhundeprüfung nur dann bestanden sei, wenn ein Hund sich von dem Prüfer bei einer vorgetäuschten Attacke schlagen lasse. Amalasuntra und Dunkelfell wichen dem Angreifer aber statt dessen geschickt aus und überwältigten ihn dennoch.
"Die beiden sind verweichlicht", lautete der verächtliche Kommentar.
"Sie reagieren intelligent", erwiderte Gerda.
Seitdem sprach der Ausbilder kein Wort mehr mit ihr. Ob es ihn mehr ärgerte, sie nicht vom Platz weisen zu können, oder zu sehen, daß Amalasuntra und Dunkelfell die Übungen präziser ausführten als mancher von ihm angelernte Schäferhund, blieb sein Geheimnis.
Auf dem Heimweg erkundigte sich Clara: "Wo warst du vorhin eigentlich?"
"Im Marktcafé, warum fragst du?"
"Weil ich mir Sorgen darüber mache, was du möglicherweise wieder ausheckst. Selbst wenn du nur mit einer Kuchengabel bewaffnet in einem Lokal sitzt, überlege ich mir, was du als nächstes anstellen könntest."
"Wieso denn das?"
"Du willst mir doch nicht erzählen, daß diese Kindergartensache dich nicht weiter beschäftigt und du dich mit den Ermittlungsergebnissen meines Chefs zufriedengibst."
"Hat er denn Ergebnisse präsentiert?"
"Wie man es nimmt. Auf Grund mangelnder Hinweise ist die Fahndung eingestellt worden. Natürlich besteht offiziell die Anzeige gegen Unbekannt weiter."
"Mit anderen Worten, das Thema ist für ihn erledigt."
"Bitte komm nicht auf die Idee, auf eigene Faust etwas zu unternehmen. Diese Leute sind gefährlich!"

Es war fast windstill und warm genug, das Haus ohne Jacke zu verlassen. Auch heute begab Gerda sich in die Fußgängerzone, um ihren Beobachtungsposten einzunehmen. Die Innenräume des Cafés wirkten wie ausgestorben, denn alle Gäste bevorzugten es, draußen zu sitzen. Auch sie wählte ein kleines Tischchen in der Sonne.
Kurze Zeit später erschien eine Akkordeonspielerin. Während die Frau den Koffer auspackte, hielt sich Gerdas Begeisterung über die bevorstehende Darbietung in Grenzen. Schifferklavier stufte sie als altmodisches und langweiliges Instrument ein, verbunden mit unangenehmer Rührseligkeit. Mit um so größerem Erstaunen vernahm sie die virtuos gespielten, gänzlich unkonventionellen Melodien. Die Passanten schienen beeindruckt und irritiert zugleich, als ob sie das Können durchaus wahrnähmen, aber eigentlich doch lieber die gängigen Weisen hören wollten. Als die Künstlerin eine Pause einlegte, stand Gerda auf und lud sie zu einer Tasse Kaffee ein. Am Ende des Gespräches bot sie der Musikantin an, diese Nacht in ihrem Hause zu verbringen. Obwohl ihr dabei im Geiste Stimmen der Kindheit Warnungen zuflüsterten, niemals Fremden über den Weg zu trauen, war sie fest davon überzeugt, weder ausgeraubt noch ermordet zu werden.

Im Wohnzimmer entdeckte Rossa Gerdas Altflöte, nahm sie in die Hand und lächelte.
“Du mußt mit mir spielen.”
“Leider bin ich dafür nicht gut genug.”
Doch die Besucherin ließ sich von den Protesten nicht im geringsten beeindrucken.
“Fang an.”
Als die Gastgeberin zögernd begann, setzte die Musikerin leise ein. Es war, als nähme das Akkordeon die Melodie der Flöte zart, aber bestimmt bei der Hand und führte sie über Steigungen und Klippen, die sie alleine nie zu betreten gewagt hätte.

Während Gerda mit den Damen des Flötenkreises stets nach Noten zu musizieren pflegte, klappte Rossa ihr das Heft einfach lachend zu.
“Aber ich kann nicht improvisieren.”
“Und ich kann keine Noten lesen, na los, versuch es.”
Es war das erste Mal, daß sie kein aufgeschriebenes Lied wiedergab. Behutsam nahm das Akkordeon die Klänge auf, erwiderte sie mit einer zweiten Stimme.
Gegen Abend zogen Unwetterwolken auf, wenig später prasselte Regen gegen die Fensterscheiben, und Windböen zerrten heftig an den Ästen der Bäume.
“Rossa, es ist kein Wetter, um weiterzureisen.”
“Ich will dich nicht ausnutzen.”
“Du könntest mir im Austausch für das Quartier Unterricht geben. Es war noch nie so schön für mich, zu musizieren.”
Ihr Gegenüber nickte.

Gerda lernte im Verlauf der nächsten Wochen mehr, als je im Flötenkreis.
Eines Morgens erwachte sie früher als gewohnt. Die Sonne schien warm in das Zimmer, Amseln sangen lautstark. Obwohl nichts Besonderes vorgefallen war, beschlich sie plötzlich die Ahnung, Rossa würde bald des Weges ziehen.
“Ich spiele heute nochmal auf dem Marktplatz, dann muß ich weiter”, kündigte diese auch prompt beim Frühstück an.
“Wir begleiten dich zum Abschied in die Stadt.”
Das Tischchen, an dem Gerda bei ihrem Kennenlernen gesessen hatte, war auch heute frei. Sie nahm Platz und bestellte einen Milchkaffee. Als die ersten Töne des Akkordeons erklangen, vermochte sie nicht länger die aufsteigenden Tränen zurückzuhalten. Es endete die Zeit, von der sie insgeheim dachte, es sei die Schönste ihres Lebens gewesen.

Plötzlich beschimpften zwei junge Männer die Musikantin, dem Hieb mit einem Baseballschläger entkam sie nur durch einen geistesgegenwärtigen Sprung auf die Seite. Bevor die Umstehenden sich zu rühren vermochten, liefen die Übeltäter laut lachend weiter. Fast hätte Gerda Dunkelfell und Amalasuntra von der Leine gelassen und den Befehl gegeben, die Angreifer zu stellen. Im letzten Augenblick besann sie sich jedoch, legte Geld auf den Tisch und nahm die Verfolgung auf.

Bereits nach wenigen Minuten bogen die zwei Männer in eine Seitengasse und blieben vor einem renovierungsbedürftigen Fachwerkhaus stehen. Der kleinere zog einen Schlüsselbund aus der Hosentasche, kurz darauf verschwand das Duo gemeinsam hinter der Tür.

Ohne die Photographien hätte Gerda ihn auf keinen Fall erkannt. Obwohl er sich inzwischen einen noch kürzeren Haarschnitt zugelegt hatte und von der Figur her massiger geworden war, hegte sie keinen Zweifel daran, den Gesuchten gefunden zu haben. Sie merkte sich den Namen der Straße und eilte zum Ort des Geschehens zurück.

Doch Rossa war nirgends mehr zu entdecken und keiner der Passanten in der Lage, Auskunft über ihren Verbleib zu geben. Gerda bedauerte, nun nicht mehr ihre Vorgehensweise erklären zu können. Ob ihre neue Freundin glaubte, sie habe sich aus Feigheit aus dem Staube gemacht?

Am nächsten Tag war sie froh, mit dem Puppentheater in einem Kindergarten eingeladen zu sein. Diese Arbeit lenkte sie ab, und die Gedanken kreisten nicht nur ständig um das gestrige Ereignis. Als sie jedoch nach Beendigung der Aufführung heimkehrte, stieg erneut Unruhe in ihr auf. Das Haus fühlte sich leer an ohne Rossa. Selbst Flötespielen spendete keinen Trost, im Gegenteil. Noch bedrückter als vorher legte sie das Instrument auf die Seite.

“Kommt mit”, forderte sie die Hunde auf.

Warum sie am späten Abend mit dem Auto in jene Seitenstraße fuhr, hätte sie selbst nicht erklären können. Vermutlich erschien ihr jede Beschäftigung besser, als in dem stillen Haus zu sitzen. Gestern hatte sie sich nicht einmal die Zeit genommen, auf die Klingelschilder zu sehen. Das holte sie nun nach und las tatsächlich seinen Namen.
Hinter der Tür brüllte plötzlich jemand einen Befehl. Die Stimme kam ihr bekannt vor. Sofort verließ sie den Eingangsbereich und schaffte es gerade noch, sich hinter einigen Plakatwänden zu verbergen. Dunkelfell und Amalasuntra knurrten leise.
“Seid still.”
Kurz darauf erschien Gernot in Begleitung eines Hundes. Es dauerte keine Minute, bis ein Fahrzeug neben den beiden anhielt. Gernot öffnete die Heckklappe für den Vierbeiner. Anschließend plazierte er sich selbst auf dem Beifahrersitz, und das Auto setzte sich in Bewegung. Ohne nachzudenken eilte Gerda zu ihrem Kombi zurück und folgte ihnen. In Kriminalfilmen schafften es die Detektive oft mühelos, einem anderen Wagen hinterherzufahren. Sie indessen fand diese Aufgabe sehr schwierig. Rückte sie zu nahe, konnte sie bemerkt werden, wurde der Abstand zu groß, verlor sie den Anschluß. Insbesondere Ampeln stellten ein Problem dar. Zeigte das Licht für die Verfolgten Grün, mußte sie sich sputen, damit das Signal nicht vor ihrer Nase auf Rot umsprang. Umgekehrt war es aber auch kein Kinderspiel. Hielten die Vorausfahrenden, durfte sie ja keinesfalls direkt hinter ihnen zu stehen kommen.
Was mochte die Männer wohl dazu veranlassen, in die Einfahrt der ehemaligen Seifenfabrik abzubiegen? Die Gebäude standen bereits seit vielen Jahren leer und dienten höchstens noch Obdachlosen als Unterkunft. Gernot und sein Freund fuhren doch wohl kaum zu nachtschlafender Zeit hierher, um ein Stück Geschichte der Industriekultur zu besichtigen.
Gerda beschloß, den Weg zu Fuß fortzusetzen.

Auf dem unbeleuchteten Werksgelände galt es, nicht über herumliegendes Altmetall und Müll zu stolpern.
“Hoffentlich trete ich nicht auf eine Ratte”, grauste es ihr.
Amalasuntra und Dunkelfell schlugen an.
“Hört auf”, befahl sie und lauschte. Ein hohes Winseln drang leise an ihr Ohr. Sie versuchte zu orten, aus welcher Richtung die Töne stammten. Welches Lebewesen konnte solche Klagelaute von sich geben, und aus welchem Grund?
Um in der Dunkelheit nicht unverhofft in ein Loch zu stürzen, verwendete sie ihren Stock zum Abtasten des Untergrundes. Je weiter sie sich voranbewegte, desto lauter und durchdringender schrillten die Geräusche durch die Nacht. Als sie schließlich um eine hohe Mauer bog, bemerkte sie erleuchtete Fenster. Amalasuntra und Dunkelfell ließen sich kaum noch zum Stillhalten bewegen. Vorsichtig lugte sie durch eine der Scheiben. Ihr Blick fiel auf riesige verrostete Kessel und Transportlaufbänder. Im hinteren Teil der Halle entdeckte sie schließlich die Männer, breitbeinig auf zwei dicken Kanalisationsrohren sitzend. Gernot rauchte, sein Kumpan hantierte mit einem kleinen Kästchen. Jämmerliche Schmerzenslaute ertönten, die beiden prosteten sich mit Dosenbier zu und lachten.
An der Wand hing, in einer Art Ledergeschirr festgezurrt, kopfüber der Hund. Bei dem kleinen Gerät mußte es sich um einen Teletakt handeln. Dieses setzten üblicherweise professionelle Ausbilder ein. Mit kleinen Stromstößen, vergleichbar denen eines Weidezaunes, wurde den Schützlingen beispielsweise abgewöhnt, zu jagen. Gerda brachte für diese Methode noch nie Begeisterung auf. Hier passierte genau das, was ihr schon immer Magenschmerzen bezüglich dieses Erziehungsmittels bereitet hatte. Menschen mißbrauchten das Gerät, um Tiere zu quälen.
Wäre sie ihrer Vernunft und nicht ihrer Empörung gefolgt, hätte sie niemals den Befehl gegeben. So aber geschah alles in Sekundenschnelle. Sie schob ihre Hand in den Spalt und öffnete die Tür.

Dunkelfell senkte das Haupt und rannte den Mann, der das Teletakt bediente, mit voller Kraft um. Der Überrumpelte wagte nicht, sich zu rühren. Wenige Zentimeter vor seinem Gesicht ließen Dunkelfells hochgezogene Lefzen kräftige Zähne weiß aufblitzen.

Gernot sprang von seinem Platz auf und versuchte, die Tür zu erreichen. Laut fletschend versperrte Amalasuntra den Weg.

"Leg dich neben deinen Freund!"

Der kräftig gebaute Mann starrte die Frau mit dem Stock an.

"Wird's bald, oder sollen wir nachhelfen?"

Er tat, wie ihm geheißen.

Nun lagen beide auf dem Betonboden. Aus Dunkelfells Maul tropfte Speichel.

Gerda inspizierte das Gebäude. Der einzige Raum ohne Fenster war die Toilette, im Schloß steckte sogar noch der Schlüssel.

Anschließend näherte sie sich dem aufgehängten Hund. Dieser knurrte voller Angst und Wut, doch ein Maulkorb machte ihm jeden Angriff unmöglich.

Behutsam löste sie das Seil und ließ den Vierbeiner hinunter.

"Leider kann ich dich noch nicht aus deiner Zwangsjacke befreien."

Sie befürchtete, das verstörte Tier könnte wegrennen oder in Panik um sich beißen.

"Wie heißt du?", fragte sie den Mann, der das Gerät bedient hatte.

"Robert."

"Warum macht ihr das?"

"Na, damit er für die Hundekämpfe scharf wird."

"Und wieso habt ihr den Kindergarten überfallen?"

Statt einer Antwort folgte lediglich ein Achselzucken.

"Steht ganz langsam auf und geht dort rein."

"Was haben Sie vor?"

"Da sperre ich euch zusammen mit der Bestie ein. Vorher mache ich aber noch den Maulkorb ab."

“Nein, bitte nicht”, flehten beide wie aus einem Munde.

Natürlich hätte Gerda so etwas in Wirklichkeit niemals getan. Sie hatte das in ihrem Zorn nur so dahingesagt.

Als sie jedoch die Wirkung der Drohung erfaßte, kam ihr eine Idee. Diese könnte sie allerdings erst ab Montag in die Tat umsetzen. Heute war erst Freitag oder genaugenommen inzwischen Samstag.

“Wenn ihr bereit seid, eure Taten wiedergutzumachen, überlege ich es mir vielleicht.”

“Wir tun alles, was Sie sagen”, beteuerte Gernot.

“Dann geht dort hinein”, sie zeigte auf den fensterlosen Raum.

Die Aufforderung wurde umgehend befolgt.

“Ihr haltet Wache”, befahl sie Amalasuntra und Dunkelfell.

Gerda schloß sorgfältig die Toilettentür ab und verließ das Gebäude. Bald darauf lenkte sie ihr Auto so nah wie möglich an die alte Fabrik heran, öffnete die Heckklappe und kehrte in die Halle zurück.

Nun setzte sie sich neben den fremden Hund und sprach beruhigend auf ihn ein. Angstvolles Knurren war die Reaktion.

“Ich kann dich nicht tragen, dafür bist du zu schwer.”

Zunächst band sie ihn mit der Leine an einen Pfosten, anschließend öffnete sie das Ledergeschirr, aber nicht den Maulkorb. Das Tier versuchte sich loszureißen und tobte, als sei es vom Teufel besessen. Erst als es völlig erschöpft niedersank, konnte sie den verstörten Hund zu ihrem Auto führen. Nur mit Engelsgeduld vermochte sie ihn zum Sprung in den Laderaum zu bewegen.

Zu Hause angelangt, dauerte es fast eine halbe Stunde, bis sie die umgekehrte Prozedur bewerkstelligt hatte und er wieder aus dem Fahrzeug herausgesprungen war. Als sie ihn in der Küche freiließ, verschanzte er sich sofort hinter dem Sofa. Aufgeregtes Schnaufen und Knurren wechselten sich ab.

“Du stellst mich vor schwierige Aufgaben, mein Lieber. Wie soll ich dir mit Maulkorb etwas zu fressen geben? Außerdem brauchst du auch dringend Wasser. Meine Güte, wie stelle ich das bloß an?"

Ihr fiel die geplante Reise nach Südfrankreich ein. Claras Hündin wurde bei langen Autofahrten so nervös, daß sie ihr vorsichtshalber ein Beruhigungsmittel bei der Tierärztin besorgt hatte. Es wirkte nicht wie eine Narkose, aber machte die vierbeinigen Patienten schläfrig.

Normalerweise versteckte man das Medikament in einem Stück zusammengedrücktem Brot. Doch wie sollte sie in diesem besonderen Fall das Mittel verabreichen? Kurzerhand legte sie die Tablette auf ein Holzbrett und pulverisierte die weiße Kugel mit Hilfe eines Hammers. In Wasser verrührt, zog sie die Mischung in eine Einwegspritze ohne Nadel. Diese stammte noch aus Amalasuntras Welpenzeit. Damals hatte sie dem kleinen Hündchen Heilnahrung in das Maul geträufelt, weil es zu schwach zum Fressen war.

Während sie das Sofa abrückte, drückte sich der Hund an die Wand und knurrte. Langsam ließ sie sich in gebührendem Abstand auf dem Boden nieder und sprach mit ihm. Nach und nach durfte sie sich dem zitternden Tier immer ein Stückchen weiter nähern und es schließlich sogar berühren. Sanft strich sie über seinen Rücken und steckte dann behutsam die Spritze durch das Ledergitter des Maulkorbes hindurch, bis in seine Schnauze. Das Wasser schien ihm gutzutun. In kleinen Portionen schluckte er die gesamte Flüssigkeit. Kurze Zeit später ließ das Zittern nach, die Wirkung des Beruhigungsmittels setzte ein.

Gerda erhob sich und bereitete Haferflocken mit Milch und Hackfleisch. Dann holte sie tief Luft, löste den Maulkorb und plazierte Freßnapf und Wasserschüssel neben dem vierbeinigen Gast.

Da sie zum Umfallen müde war, bereitete sie sich einen starken Kaffee. Während sie die Tasse leerte, vernahm sie ein leises Schmatzen und Schlürfen. Kurz darauf wurde es still.

"So mein Lieber, jetzt muß ich nochmal weg."

In der Fabrik schien die Zeit stehengeblieben zu sein. Amalasuntra und Dunkelfell hielten vor der Toilette Wache.
“Ich öffne euch jetzt die Tür”, kündigte sie den Männern laut und vernehmlich an. “Macht keine Dummheiten, sonst reißen euch die Hunde in Stücke.” Sie drehte den Schlüssel um. Gernot und Robert standen bleich vor ihr und harrten der Dinge, die nun kommen sollten.
“Wir fahren zu mir nach Hause.”
Sie öffnete die Beifahrertür des Wagens, und Amalasuntra sprang auf den Vordersitz.
Auf den Rücksitz deutend, befahl sie den Männern, einzusteigen.
Zu guter Letzt sprang Dunkelfell auf die Ladefläche.
Als sie nach einer schweigsamen Fahrt das Ziel erreichten, ließ Gerda alle Beteiligten genau in der umgekehrten Reihenfolge aussteigen.
Der kleine Keller hinter den Öltanks war leer und ebenso fensterlos wie die Toilette der Seifenfabrik. Dort würde sie Gernot und Robert nachts unterbringen.
“Macht es euch gemütlich!”
Widerstandslos ließen sich die beiden einschließen.
Damit der fremde Hund sich nicht sofort wieder ängstigte, brachte sie Amalasuntra und Dunkelfell im Wohnzimmer unter. Anschließend betrat sie die Küche, um nach ihrem Schützling zu sehen. Außer tiefen ruhigen Atemzügen hinter dem Sofa war nichts zu hören.

“Dann kann ich ja endlich auch in mein Bett gehen”, seufzte sie.

Nach wenigen Stunden Schlaf wurde sie durch ein leises Winseln geweckt. Sie erkannte sofort, daß die Stimme zu keinem ihrer eigenen Hunde gehörte. Bestimmt mußte ihr vierbeiniger Gast sein Geschäft erledigen. Doch das war leichter gesagt als getan. Durfte sie es riskieren, einfach den Raum zu betreten und ihn in den Gar-

ten zu lassen? Er könnte über sie herfallen oder zumindest nicht mehr in das Haus zurückkehren.
Das Winseln erklang erneut, diesmal noch dringlicher.
Sie gab sich einen Ruck. “Ich muß es versuchen, alles andere hat keinen Sinn.”
Vom Flur aus sprach sie beruhigend mit dem uneinschätzbaren Tier in der Küche.
Vorsichtig drückte sie die Klinke hinunter. Der Hund blickte angstvoll, knurrte jedoch nicht. Ohne ihn aus den Augen zu lassen, bewegte sie sich langsam Schritt für Schritt durch den Raum. Endlich gelangte sie zu der Balkontür, öffnete den Flügel und ging hinaus in den Garten. Es dauerte nicht lange, da folgte ihr der Vierbeiner. Er hielt Abstand, und erst als sie sich auf ihre Bank unter dem Pflaumenbaum setzte, hob er an einem entfernten Strauch das Bein.
“Na, das war bestimmt dringend nötig!”
Als sie in das Haus zurückkehrte, blieb er draußen.
“Jetzt habe ich mir erst einmal eine schöne Tasse Tee und einen Marmeladentoast verdient.”
Gerda bereitete sich Frühstück und sann darüber nach, wie sie nun weiter vorgehen wollte.
Als erstes sollte sie nach ihren Gefangenen sehen. Zu diesem Zweck holte sie Amalasuntra und Dunkelfell aus dem Wohnzimmer und stieg mit ihnen in den Keller hinab.
Gernot und Robert verspürten dasselbe dringliche Bedürfnis wie kurz zuvor der Hund.
Der Gang auf die Toilette verlief so, daß jeweils einer der Männer das stille Örtchen in Begleitung von Amalasuntra betrat, während der andere gemeinsam mit Gerda und Dunkelfell vor der Tür wartete.
Nach Beendigung dieser Prozedur gab es Frühstück mit Brot und Kaffee.
“Was müssen wir jetzt machen?”

Diese Frage stellte Gernot.
Gerda betrachtete ihn schweigend. Einen kurzen Augenblick lang sah sie den kleinen Jungen vor sich, der im Kindergartentäschchen verzweifelt nach einem Taschentuch sucht, aber keines findet.
Ob sie ihm die gemeinsame Vergangenheit offenbaren sollte? Vielleicht würde sich später eine passende Gelegenheit ergeben. Und wenn nicht, spielte es denn eine Rolle, ob er wußte, daß sie vor über zwanzig Jahren seine Erzieherin gewesen war?
Bis zu diesem Moment hatte sie sich keine Gedanken darüber gemacht, was sie mit den Gefangenen bis zum Montag anstellen sollte.
Eine Möglichkeit bestand darin, sie einfach wieder einzuschließen. Aber wäre es nicht noch viel besser, die beiden etwas Sinnvolles tun zu lassen?
“Wie heißt der Hund eigentlich?”
Gernot zuckte mit den Achseln.
“Hab’ ihn an dem Morgen erst von einem Typ gekauft.”

Gerda führte die Männer zurück in den Keller. Dann fuhr sie zu der örtlichen Gärtnerei, obwohl diese mit Sicherheit bereits geschlossen war. Aber vielleicht hatte sie Glück, und der Besitzer arbeitete in den Außenanlagen und würde sie trotzdem bedienen. Tatsächlich winkte der Gärtner freundlich und lud dann wunschgemäß Heckenpflanzen in ihr Fahrzeug.

Wieder zu Hause angelangt überlegte sie, daß es auf Dauer nicht praktikabel war, die drei Hunde voneinander fernzuhalten. Sie mußte ihnen die Möglichkeit geben, sich in Ruhe kennenlernen und beschnuppern zu können. Doch kaum sah das verängstigte Tier Amalasuntra und Dunkelfell aus der Balkontür stürmen, rannte es davon und versuchte, sich im Gebüsch zu verbergen.
Gerda nahm im Schatten des Pflaumenbaumes Platz und wartete

einfach ab. Ihre Rechnung ging auf. Es dauerte gar nicht lange, und die drei spielten miteinander.
Aus dem Verhalten des vierbeinigen Asylanten schloß sie, daß das Tier tatsächlich nur einen Tag den schlimmen Torturen ausgesetzt gewesen war. Dieser Sachverhalt erleichterte sie sehr, denn einem wirklich aggressiven, unberechenbaren Kampfhund hätte sie mit dem besten Willen auch nicht helfen können.
Nach einer Weile legten sich die Spielgefährten müde in den Schatten des Baumes. Selbst der Neuling wedelte ein wenig mit dem Schwanz.
“Du brauchst einen Namen.”
Es wollte ihr aber kein vernünftiger einfallen. Na ja, die Kommissarin hatte auch nicht gerade viel Phantasie bewiesen, als sie ihre Hündin “Grün” taufte. Sie blickte ihrem Schützling in die dunkelbraunen Augen.
“Es wäre vernünftig, dich nicht zu behalten, sondern ins Tierheim zu bringen.”
Er legte den Kopf schräg, als ob er jedes Wort verstünde.
“Ich nenne dich “Freund”. Was hältst du davon?”

Als sie die Tür aufschloß, schienen die Gefangenen sehr erleichtert zu sein, nicht länger im Keller ausharren zu müssen, und gehorchten sofort Gerdas Anweisungen.
Unter Bewachung von Amalasuntra und Dunkelfell gruben sie Löcher im Garten und schleppten Gießkannen mit Wasser.
Gerda kochte derweil einen großen Topf Gemüsesuppe. Beim Blick aus dem Küchenfenster konnte sie sich eines Schmunzelns nicht erwehren. Zwei junge, starke Burschen pflanzten schwitzend Vogelschutzgehölze, als seien sie eifrige Mitglieder des Naturschutzbundes.
Aus der Entfernung wirkte die Szenerie fast idyllisch.
Leider war der Anlaß der ganzen Angelegenheit aber alles ande-

re als das. Bei diesem Gedanken spürte sie wieder den dumpfen Schmerz, den sie seit Rossas Weggang nicht mehr loswurde.
Wie war es bloß möglich, einen fremden Menschen so sehr zu vermissen?
Ihre Überlegungen wurden durch das Klingeln des Telephons unterbrochen. Die Kommissarin teilte mit, sie müsse dienstlich in das Nachbardorf fahren und wolle auf eine Tasse Kaffee hereinkommen. Bevor Gerda zu widersprechen vermochte, legte die Anruferin nach einem "Bis gleich" den Hörer auf.
"Verflixt, Clara macht mir die Hölle heiß, wenn sie mitbekommt, was hier gerade im Gange ist."
Eilends führte sie die verwirrt dreinblickenden Männer in den kleinen Kellerraum zurück und lockte Freund mit Hilfe von Leckerbissen in das Schlafzimmer.
"Sei bloß still", bat sie ihn.
Wenige Minuten später stürmte die angekündigte Besucherin in die Küche.
"Du kochst ja mal wieder, als ob du eine Kompanie verköstigen wolltest."
"Hast du Hunger?"
Statt einer Antwort schöpfte sich die Kommissarin einen großen Teller randvoll.
"Laß uns bei dem schönen Wetter draußen essen", schlug Clara vor.
Einerseits fand Gerda die Idee günstig, da hinter dem Haus nicht zu hören wäre, wenn Freund im Schlafzimmer ein Geräusch verursachte. Auf der anderen Seite befürchtete sie aber, wegen der nicht zu übersehenden Veränderungen im Garten eine plausible Begründung liefern zu müssen.
Kaum hatte sie diesen Gedanken zu Ende gedacht, entdeckte die Polizistin auch schon die neuen Sträucher.
"Du bist wohl nicht ganz bei Trost, willst du deinen Rücken endgültig ruinieren?"

"Ich habe keinen einzigen davon gesetzt", versicherte die Gefragte im Brustton der Überzeugung.
"Zwei junge Männer haben mir geholfen."
Sie atmete tief durch.
"Man könnte sagen, sie schuldeten mir noch etwas."
Clara runzelte die Stirn.
"Ich verstehe nicht, warum ich dauernd ein komisches Gefühl habe, selbst wenn du so harmlose Dinge tust, wie im Café zu sitzen oder von netten Burschen Grünzeug eingraben zu lassen. Schon die ganze Woche bin ich beunruhigt."
Die Kommissarin schüttelte den Kopf. Glücklicherweise fragte sie aber nicht weiter, sondern aß schweigend den Teller leer. Dann warf sie einen Blick auf die Uhr.
"Ich sollte schon längst bei meinen Kollegen sein, danke für die Suppe. Stell bloß nicht irgendwelche Dummheiten an, hörst du?"
Ihr Gegenüber brummte nur eine undefinierbare Antwort.

Der Wecker klingelte am Montagmorgen um halb sechs Uhr.
Seit dem letzten Gespräch mit dem Hausmeister hatte sie sich über die gestrichenen Gelder für den Kindergarten geärgert. Heute nun begannen die Ferien, und sie würde die Eingebung, die ihr des Nachts in der Fabrik gekommen war, in die Tat umsetzen.
Die Missetäter sollten zur Wiedergutmachung des Überfalls die Spielgeräte aus den im Hof liegenden Materialien aufbauen. Für Gernot als gelernten Schreiner wäre es gewiß kein Problem, diese Aufgabe zu lösen. Abgesehen davon stand mit Robert ja auch noch ein kräftiger Helfer zur Verfügung. Während des Frühstücks erläuterte sie den unfreiwilligen Gästen das geplante Projekt. Kurz darauf machten sich alle gemeinsam auf den Weg, nur Freund mußte dableiben und mit dem Garten vorliebnehmen. Voran liefen, mit allerlei Werkzeugen bepackt, die Gefangenen. In geringem Abstand folgte Gerda mit Amalasuntra und Dunkelfell.
Bald erreichte die Gruppe eine stille Seitenstraße.

Wenige hundert Meter vor dem Ziel sauste unverhofft eine Katze an ihnen vorüber. Die Hunde nahmen in wildem Tempo die Verfolgung auf.
"Dunkelfell, Amalasuntra, kommt sofort zurück!"
Verflixt, das Jagen hatte sie ihnen doch von Anfang an strengstens verboten!
In ihrer Verärgerung begriff sie gar nicht gleich, welche Folge das Verschwinden ihrer Beschützer an diesem besonderen Morgen mit sich brachte.
Die Männer grinsten, drehten sich um und schritten betont lässig auf Gerda zu. Robert griff in die Hosentasche und förderte ein Päckchen Kaugummi zutage. Langsam öffnete er einen der Streifen, stopfte den Inhalt in den Mund und warf das Papier auf den Gehweg. Kauend kündigte er an: "Jetzt poliere ich dir die Fresse."
Er hob die Faust – doch blitzschnell holte Gerda mit ihrem Gehstock aus und konterte den Schlag.
Wenige Sekunden später fühlte sie jedoch plötzlich etwas Kühles auf ihrer Haut.
Gernot strich mit der Spitze des Akkubohrers an ihrem Hals entlang.
Er flüsterte: "Wir bringen dich in die Fabrik und machen da weiter, wo wir mit dem verdammten Köter aufgehört haben. Wir hängen dich kopfüber auf und testen, ob das Teletakt noch funktioniert. Und außerdem drehen wir dir deine lockeren Schräubchen im Gehirn fest!"
Dicht neben ihrem Ohr ließ er das Gerät kurz leise summen, dann drückte er die Taste fester; der hohe, schrille Ton verkündete eine Schmerzensprophezeiung.
Sein Flüstern steigerte sich zum heiseren Brüllen: "Wir zahlen es allen heim, wir lassen uns nichts mehr gefallen!"
Gerda blickte in seine Augen und erkannte, daß sie nicht mehr den kleinen Jungen vor sich hatte, dem sie damals Taschentücher

ins Täschchen legte, um ihn vor den Demütigungen der Schwester Gottesburga zu bewahren.
Bis zu diesem Moment hatte sie trotz allem immer noch das gequälte Kind in ihm gesehen.
Erst jetzt begriff sie, daß aus dem Opfer ein Täter geworden war.

Es ertönte ein dumpfer Aufprall, der Akkubohrer klirrte auf den Bürgersteig.
Gernot sank zu Boden.
Robert drehte sich auf dem Absatz um und griff nach dem Hammer.
Rossa hielt schützend den Instrumentenkoffer vor sich.
Gerda umfaßte ihren Stock mit beiden Händen und schlug mit all ihrer Kraft auf sein Handgelenk. Er schrie auf vor Schmerz, die Waffe fiel auf den Asphalt. Als er sich bückte, um den Hammer wieder aufzuheben, warf Rossa mit Schwung das Akkordeon in seine Richtung.
Es war ein Volltreffer, niedergestreckt blieb auch er bewegungslos liegen.
Die Musikerin wurde bleich: "Was tun wir jetzt?"
Statt zu antworten, zog Gerda ihr Handy aus der Jackentasche.
Es dauerte keine fünf Minuten, und das Auto der Kommissarin raste um die Ecke. Sofort fesselte sie die bewußtlosen Angreifer mit Handschellen.
"Was ist passiert?"
Kleinlaut berichteten die Frauen, was vorgefallen war. Die Polizistin schüttelte den Kopf.
"Wer sind Sie überhaupt?"
Gerda übernahm es, zu antworten.
"Das ist Rossa, von der ich dir erzählt habe. Sie hat mir Musikunterricht gegeben und ist vor kurzem von den beiden Männern in der Fußgängerzone angegriffen worden."

“Und dafür habt ihr wahrscheinlich genauso viele Beweise wie letztens für den Überfall auf den Kindergarten?”
Die Befragte zuckte resigniert mit den Schultern.
“Bist du von allen guten Geistern verlassen? Dich kann man doch wirklich keine Minute alleine lassen, ohne daß du dich in Teufels Küche bringst. Hauptkommissar Bauer ist überzeugt, daß du eine Spinnerin bist und dich nur wichtig machen willst. Und Rossa, dir glaubt er auch kein Wort! Als erstes wird er fragen, ob du eine Verletzung vorweisen kannst. Wenn nicht, geht er davon aus, daß auch nichts passiert ist. Er wird dir sagen, daß du die jungen Herren bestimmt nur wegen mangelhafter Deutschkenntnisse mißverstanden hast. Wenn unsere Freunde euch dann anzeigen, kann die Sache eine ganz böse Wendung nehmen.”
“Wenn sie uns anzeigen?”, fragte Gerda ungläubig.
“Geht von den Fakten aus. Was könnt ihr beweisen? Gar nichts! Aber die zwei sind ganz offensichtlich mit einem Instrumentenkoffer niedergeschlagen worden. Sie sind die Opfer und Rossa ist die Täterin.”
“Was ist das denn für ein hanebüchener Blödsinn”, rief Gerda wütend.
“Hauptkommissar Bauer ist seit zehn Jahren mein Chef. Glaub mir, genau so wird die Sache enden. Rossa landet vor Gericht und nicht etwa diese beiden Herren. Und du, meine Liebe, kannst mit einer Anzeige wegen Freiheitsberaubung rechnen.”
Gerda begriff, daß Clara sich wirklich die größten Sorgen machte.
“Was sollen wir bloß tun?”
“Ihr macht jetzt genau, was ich euch sage.”

Die Männer öffneten die Augen und versuchten aufzustehen. Der Streifenwagen mit zwei Kollegen, den die Kommissarin zur Verstärkung gerufen hatte, traf ein.
Wie von Clara befohlen, begaben die beiden Freundinnen sich in das Wartezimmer eines Arztes.

Gerda flüsterte: “Wieso bist du überhaupt da, ich dachte, du reist wieder durch das ganze Land?”
“Ich habe dich vermißt.”
Trotz der ausgesprochen unangenehmen Lage stieg in Gerda ein Gefühl von Leichtigkeit und Glück auf. Sie hätte gleichzeitig lachen und weinen mögen vor Freude. Am liebsten wäre sie der Musikantin um den Hals gefallen.
Statt dessen fragte sie jedoch nur: “Und warum warst du um diese Uhrzeit gerade in dieser Straße?”
“Ich habe im Kindergarten übernachtet. Die Hintertür war einen Spalt offen.”
“Du hättest doch zu mir kommen können.”
“Es war gestern schon zu spät. Ich wollte nur die eine Nacht dort verbringen. Heute morgen bin ich extra früh aufgestanden. Eigentlich wollte ich dich nämlich mit frischen Brötchen zum Frühstück überraschen.”
“Na ja, eine Überraschung ist es ja wirklich geworden, nur leider ohne Brötchen.”
Die Freundinnen grinsten sich an.

Hauptkommissar Bauer runzelte die Stirn.
“Also, Sie joggten am frühen Morgen in der Nähe des Kindergartens und beobachteten, daß zwei Männer diese ehemalige Erzieherin und eine Ausländerin bedrohten. Daraufhin versuchten Sie einzugreifen, obwohl Sie keine Dienstwaffe mit sich führten.”
Er blickte grimmig drein.
“Das war unbesonnen und gefährlich.”
“Ja Chef, das stimmt”, gab Clara zerknirscht zu. “Ich habe nicht nachgedacht.”
“Die Männer versuchten, Sie zu schlagen, und um sich zu verteidigen, benutzten Sie das Akkordeon der Musikantin.”
“So war es.”

"Auch wenn ich Sie wegen Dummheit rügen muß, war das natürlich Notwehr", stellte der Vorgesetzte fest.
Clara seufzte. "Vielleicht habe ich den beiden Männern in gewisser Weise sogar Unrecht getan."
"Wieso?"
"Sie erklärten mir auf dem Weg zur Wache, daß die Erzieherin sie erst im Keller eingesperrt hat und anschließend zur Arbeit im Kindergarten zwingen wollte. Ich meine, das war dann doch Freiheitsberaubung, und sie wollten sich nur verteidigen."
Bauer setzte sich im Stuhl gerade und hob den rechten Zeigefinger.
"Meine verehrte Frau Kollegin, lassen Sie sich eigentlich jeden Bären aufbinden? Nichts für ungut, aber ein bißchen männliche Logik würde Ihnen wirklich nicht schaden."
Clara blickte drein, als könne sie dem Gedankengang nicht recht folgen.
"Mit männlicher Logik meine ich eine rein faktenbezogene Recherche. Wie bitte schön soll unsere Kindergartentante denn zwei starke junge Männer eingesperrt und dann noch versucht haben, sie zur Arbeit zu zwingen? Im Märchen lockt die Hexe Hänsel und Gretel zum Pfefferkuchenhaus. Meinen Sie, die Erzieherin hätte den beiden ein Eis versprochen, wenn sie mit in den Keller kommen? Lassen Sie sich doch nicht für dumm verkaufen."
"Aber Chef, wieso haben sie denn dann am frühen Morgen die Frauen angegriffen?"
"Kombinieren Sie doch die Indizien. Was wollen junge Kerle um diese Uhrzeit mit Werkzeug in einer ruhigen Wohnstraße, noch zudem in der Ferienzeit?"
Clara tat, als überlege sie angestrengt.
"Natürlich einbrechen, sie fühlten sich von den Spaziergängerinnen gestört und griffen deshalb an."
"Aha."
"Die älteren Damen wußten gar nicht, wie ihnen geschah, dies be-

weist die Tatsache, daß sie auf Grund des erlittenen Schreckens einen Arzt aufsuchen mußten."
Clara blickte ihren Chef an.
"Herr Hauptkommissar, ich bewundere Ihre Kombinationsgabe."
"Was beweist uns dieses Beispiel noch?"
Diesmal fiel ihr tatsächlich keine Antwort ein.
"Daß Beförderungen von Beamten sich eben stets am Leistungsprinzip orientieren, mit anderen Worten, genau wegen diesem Unterschied bin ich der Chef hier und nicht Sie."

Clara freute sich, am folgenden Tag in Urlaub zu gehen und in Ruhe ihren Geburtstag zu feiern.
Nach Dienstschluß kehrte sie bei Gerda ein. Diese begrüßte sie mit den Worten: "Ich möchte dich an deinem Ehrentag zum Essen in ein gutes Restaurant einladen. Es ist ein Stückchen von hier entfernt, nimm dir für ein paar Tage Kleidung mit, mehr verrate ich nicht."

Am nächsten Tag tat Clara, wie ihr geheißen. Gespannt überlegte sie, welche Überraschung ihr wohl präsentiert werden würde.
Beim Einparken fragte sie sich, wer bloß zu Besuch gekommen sein mochte. Den Bus am Straßenrand konnte sie keiner ihr bekannten Person zuordnen.
Kaum stieg sie aus, ertönte ein zweistimmiges Bellen. Was um alles in der Welt machten Dunkelfell und Amalasuntra in dem fremden Fahrzeug?
"Einsteigen, meine Liebe."
Erstaunt befolgte die Kommissarin die Aufforderung.
Gerda umarmte die Musikantin zum Abschied und streichelte Freund über den Kopf. Rossa wollte den Hund gerne behalten, denn auf diese Weise hätte sie zukünftig unterwegs einen Beschützer.

Erst als sie bereits auf der Autobahn fuhren, fand Clara ihre Sprache wieder.
“Und wo genau ist nun dieses Restaurant?”
“In einem hübschen mittelalterlichen Städtchen mitten in der Provence.”
Die Polizistin riß die Augen auf.
“Hast du nun endgültig den Verstand verloren, ich verstehe kein Wort Französisch!”
“Oh, dann werden wir etwas Schwierigkeiten mit der Speisekarte haben, ich nämlich auch nicht.”

Sauberes Land

Sie steckte den Metallbehälter in eine dickwandige Plastiktüte. Spaten und Lederhandschuhe lagen schon griffbereit. Dann setzte sie sich ans Küchenfenster und wartete auf den Eintritt der Dämmerung. Dieser Zeitpunkt schien ihr für das geplante Vorhaben besonders geeignet zu sein. Alle Nachbarn würden aus den Gärten in die Häuser zurückkehren, um Nachrichten im Fernsehen zu schauen und Abendbrot zu essen.
Die Stelle, an der sie das Loch ausheben wollte, hatte sie bereits am frühen Morgen ausgewählt, und um auf keinen Fall die Neugierde irgendwelcher Passanten zu wecken, hatte sie die Suche danach mit dem Schnitt einiger Büsche verbunden. Während sie die Heckenrosentriebe kürzte, war ihr noch eine gute Idee gekommen. Statt wie sonst den Astschnitt zu häckseln, sollte am Abend das stachelige Gezweig als Bedeckung des Versteckes dienen.
Da sie nach dem Kauf des Hauses und auch im Laufe der Jahre immer wieder Vogelschutzgehölze auf dem riesigen Grundstück gepflanzt hatte, galt sie im Dorf als Naturschützerin. Es wäre deshalb glaubhaft zu erklären, der Haufen sei als Überwinterungsmöglichkeit für Igel und anderes Getier gedacht.
Endlich verschwand die Sonne hinter dem Hügel. Die kurze Zeit, in der es nicht mehr hell und noch nicht dunkel war, begann.
Gerda streifte die Lederhandschuhe über, ergriff die bereitgelegten Gegenstände und eilte damit unverzüglich zu der alten Kiefer. Es wäre sicherlich klug, ein wenig Abstand von dem Baum zu halten, da es sonst wegen der Wurzeln zu schwierig würde, ein tiefes Loch zu graben.
Die mit faulenden Nadeln übersäte Erde erwies sich als locker, und so schaffte sie es schneller als gedacht, das Behältnis in der Erdöffnung verschwinden zu lassen.
Der metallisch klingende Aufprall erschreckte sie selbst, unwillkürlich blickte sie sich nach allen Seiten um. Doch weder ließen

sich die Amseln beim Zwitschern ihres Abendliedes stören, noch riß ein Nachbar das Fenster auf. Nicht einmal die Hunde bellten wegen des Geräusches.

Dunkelfell und Amalasuntra mußten im Haus warten, denn sie befürchtete, diese könnten sonst zu einem späteren Zeitpunkt aus Neugierde an derselben Stelle wühlen und das Geheimnis aufdekken.

Natürlich war ihr bewußt, daß niemand ihre Entscheidung verstehen könnte. Wer würde eine wertvolle Goldmünzensammlung im Garten vergraben, statt in ein Bankschließfach zu legen?

Doch da sie beabsichtigte, von der Erbschaft keiner Menschenseele etwas zu erzählen, bräuchte sie sich auch nirgends für diesen Entschluß zu rechtfertigen.

Von dem Tod einer entfernten Verwandten und der Existenz jener Münzsammlung war sie völlig unvorbereitet durch den Brief eines Notars unterrichtet worden. In Ermangelung anderer Erben ging der güldene Schatz in Gerdas Hände über, und sie fühlte sich beschenkt, gleich dem Kinde im Sterntalermärchen.

Da sie es gewohnt war, mit geringen finanziellen Mitteln auszukommen, beschloß sie, den unverhofften Segen für Notzeiten aufzuheben.

Der Oktober zeigte sich an diesem Tag von seiner freundlichsten Seite. Das Blau des Himmels wurde durch keine einzige Wolke getrübt, Bäume und Sträucher schienen um die leuchtendsten Töne von Rot, Orange und Gelb zu wetteifern.

Gerade als sie hinausgehen wollte, um Herbstastern für die Vase zu schneiden, klingelte es. Amalasuntra und Dunkelfell stürmten freudig zur Haustür. Als Gerda öffnete, stand ein junger Mann vor ihnen. Die Hunde begannen leise zu knurren.

“Seid still.”

“Vermutlich riechen die beiden meinen Schäferhund.”

“Was kann ich für Sie tun?”

“Unser Land soll wieder sauber werden, finden Sie das nicht auch?”

Sie hatte damit gerechnet, daß ihr ein Staubsauger angepriesen oder von einem Zeugen Jehovas das Bevorstehen des Weltunterganges angekündigt würde. Statt dessen gehörte der Frager anscheinend einer Umweltschutzorganisation an.

Vor ihrem geistigen Auge zogen Bilder von verendeten Fischen, ölverschmierten Meeresvögeln, aussterbenden Schildkrötenarten und leukämiekranken Kindern vorüber.

“Wir tun etwas gegen den Müll. Sie könnten mithelfen.”

Die Angesprochene empfand dem Besucher gegenüber Unbehagen, ohne daß sie einen vernünftigen Grund dafür hätte nennen können. Gleichzeitig regte sich ihr Gewissen, und sie schalt sich selbst, weil sie sich offensichtlich in ihrem Urteil von Äußerlichkeiten beeinflussen ließ. In ihrer Jugend fand sie es völlig unsinnig, wenn ältere Menschen sich über die Kleidung oder den Haarschnitt junger Leute aufregten.

“Sie könnten uns mit einer Spende unterstützen, noch besser aber wäre es, Mitglied in unserer Partei zu werden.”

Eifrig zog der Fremde ein Beitrittsformular aus der Tasche.

Gerdas Spendierfreudigkeit hielt sich in Grenzen. Andererseits schämte sie sich, daß sie selbst kaum Engagement aufbrachte für irgendeine gute Sache. Dieser junge Bursche und seine Mitstreiter gingen mit gutem Beispiel voran, sie wollten künftigen Generationen eine lebenswerte Welt erhalten.

Kurzentschlossen unterschrieb sie das Blatt.

Im Gesicht des Fremden spiegelte sich Erstaunen.

“Ich hätte nicht gedacht, daß Sie eine von uns sind.”

Gerda fühlte Zufriedenheit in sich aufsteigen.

“Ihr seid nicht die einzigen, die eine bessere Welt wollen.”

“Nein, wir sind viele, und es werden immer mehr! Kommen Sie doch am Freitag in die ‘Grüne Eiche’ zu unserer Mitgliederversammlung. Professor Regensburger wird einen Vortrag über Volksgesundheit halten. Mein Name ist übrigens Herbert Braun."

Die Kirchturmuhr schlug zur vollen Stunde. Sie erschrak. Hoffentlich erhielt sie nicht als Quittung für dieses Gespräch einen angebrannten Kuchen. Eigentlich wollte sie doch nur kurz im Blumenbeet Astern schneiden, um damit das Wohnzimmer zu dekorieren.
Schnell öffnete sie die Ofenklappe und zog das Blech heraus. Zwar zeigten die Ränder bereits tiefbraune Stellen, doch die konnten einfach abgeschnitten werden.
Es klingelte erneut. Wie verabredet erschien Clara mit ihrer Hündin Grün, um gemeinsam den Nachmittag auf dem Hundeübungsplatz zu verbringen.
"Du hast wohl den Kuchen gerochen, ich habe ihn vor einer Minute aus der Röhre gezogen. Leider mußt du dich einen Moment gedulden, er ist noch heiß."
Die Kommissarin strahlte. Den Hinweis, noch abzuwarten, bis die Backware abgekühlt wäre, ignorierte sie allerdings geflissentlich.
Ehe ihre Gastgeberin protestieren konnte, schnitt sie ein großes Stück ab und ließ es sich schmecken.
"Wenn du davon Magenschmerzen bekommst, brauchst du dich nicht zu wundern."
Clara besaß die wundersame Fähigkeit, solche Einwände grundsätzlich zu überhören. Statt dessen wollte sie wissen: "Gibt es auch Schlagsahne?"
"Nur wenn du mir die Zeit gibst, sie aus dem Kühlschrank zu holen, bevor du das ganze Blech vertilgt hast."
"Ich weiß, ich sollte mich besser benehmen, aber dein Kuchen ist einfach unwiderstehlich."
"Fast wäre er mir wegen eines Umweltschützers angebrannt."
"Von wem redest du?"

Gerda erzählte von dem jungen Mann, der mit seiner Partei für ein sauberes Land kämpfte.
"Du könntest dich ruhig auch für so eine gute Sache einsetzen."
Clara legte ihr angebissenes Stück auf den Teller zurück.
"Du siehst ja plötzlich ganz bleich aus. Ich habe dich vorhin gewarnt, den Kuchen nicht so heiß zu essen."
"Wenn mir übel wird, dann nur wegen der unglaublichen Dummheit, die du angestellt hast."
Gerda begriff nicht im geringsten, wovon die Rede war.
Das Handy der Polizistin klingelte.
"Wir müssen das Hundetraining leider verschieben, meine Kollegen brauchen Unterstützung. Über das andere Thema reden wir noch einmal!"
Ob sie unbeabsichtigt bei einer besonders aktiven Gruppe von Umweltschützern gelandet war? Solchen, die Firmenschornsteine hochkletterten und Transparente entrollten, sich selbst auf Marktplätzen in Käfige sperrten, um auf das Leid der Legehennen aufmerksam zu machen, oder in fernen Gewässern Walfangboote kaperten?
Natürlich wäre es dann aus Claras Sicht verständlich, sich Sorgen zu machen.
Doch ehrlich gesagt, gefiel ihr diese Vorstellung sogar. Waren nicht genau diese angeblichen Störer der öffentlichen Ordnung diejenigen, die Mißstände aufdeckten und die Politiker schließlich zum Handeln zwangen? Allerdings würde sie diesen Idealisten gleich am Freitag mitteilen, daß sie weder für Schornsteinbesteigungen noch zum Anketten an Bahngleisen zur Verfügung stand.
Die Hunde schauten sie erwartungsvoll an.
"Ihr Armen, heute fällt eure Übungsstunde leider aus. Zum Trost machen wir einen besonders schönen Spaziergang im Wald."

Das Gasthaus "Grüne Eiche" befand sich am Rand der Kreisstadt, in der Nähe des Industriegebietes. Bisher kannte sie es nur vom

Vorüberfahren, da sie lieber Cafés in der Fußgängerzone besuchte. Neben dem Eingang bot der ausgehängte Speiseplan gängige Gerichte der gutbürgerlichen Küche an.
Einen Augenblick lang wunderte sie sich darüber, daß kein einziges vegetarisches Essen aufgeführt wurde. In ihrer Phantasie bevorzugten Umweltschützer eher überbackenen Gemüseauflauf als Jägerschnitzel.
Als sie das Lokal betrat und sich fragend umschaute, deutete der Mann hinter dem Tresen auf eine Tür.
“Zur Versammlung immer geradeaus.”
In dem Saal herrschte bereits Gedränge, sie konnte gerade noch einen freien Sitzplatz ergattern.
Die Anwesenden schienen sich alle untereinander zu kennen und diskutierten lauthals miteinander. Auch ihr nickte jedermann freundlich zu, neue Mitglieder waren offensichtlich willkommen.
Obwohl sie noch gar nichts bestellt hatte, wurde sofort aufgetischt. Die Rinderroulade überlappte den Rand des Tellers. Vom Faß gezapftes Bier und Korn schienen hier die Standardgetränke zu sein.
Ihr Platznachbar grinste: “Geht alles auf die Partei.”
Gerda wunderte sich zwar über solche Großzügigkeit, aber vielleicht sollte diese Einladung eine Art Begrüßung darstellen.
“Wie soll ich bloß dieses riesige Stück Fleisch schaffen?” dachte sie.
Ihr Blick schweifte durch den verrauchten Saal.
Das Szenario erinnerte sie an die Fütterung der Raubtiere im Frankfurter Zoo.
Ein Vortrag der örtlichen Brauerei oder Fleischerinnung hätte wahrlich besser gepaßt, als ausgerechnet über “Volksgesundheit”.
In ihrer Phantasie stellte sie sich vor, wie an diesem Ort ein besorgt mahnender Professor Regensburger über ausgewogene Ernährung und die Gefahren des Rauchens referierte.
An den Wänden hingen Landkarten, die Abbildungen waren je-

doch zu weit entfernt, um sie von ihrem Platz aus genauer studieren zu können.

Auf der Bühne erschien eine in Tracht gekleidete Tanzgruppe. Aus den Lautsprechern ertönte Musik.

Nicht, daß sie Volkstänze grundsätzlich ablehnte, aber langsam beschlich sie das Gefühl, diese Veranstaltung unterscheide sich doch ganz erheblich von dem, was sie sich vorher darunter vorgestellt hatte.

Es folgte eine mundartliche Darbietung, deren Inhalt sie wegen des Dialektes nicht verstand.

Endlich trat Professor Regensburger an das Pult.

Unvermittelt rief er sogleich denselben Satz in das Mikrophon, mit dem Herbert Braun sie vor wenigen Tagen an der Haustür begrüßt hatte: “Unser Land muß wieder sauber werden!”

Sogleich sprangen alle Gäste von ihren Stühlen auf und nahmen Haltung an wie Kadetten der Militärakademie. Ihr Tischnachbar zog sie am Arm ebenfalls nach oben.

Im Chor skandierte der ganze Saal: “Unser Land muß wieder sauber werden!”

Gerda fragte sich, bei welchen merkwürdigen Sonderlingen sie denn hier bloß gelandet sein mochte?

Sie überlegte, ob es nicht am besten wäre, einfach diese seltsame Veranstaltung zu verlassen. Doch nur das Essen der Gastgeber zu verspeisen und dann zu gehen, erschien ihr einfach zu unhöflich.

Alle Augen richteten sich erwartungsvoll auf den Redner.

Dieser rief jedoch nur ein einziges Wort: “Ostpreußen!”

Aus allen Kehlen erschallte als Antwort der gleiche Ruf: “Ostpreußen!”

“Pommern!”

“Pommern!”

In dieser Art ging es eine Weile hin und her.

Langsam dämmerte es Gerda, daß es sich um Gebiete handelte,

die vor dem zweiten Weltkrieg zu Deutschland gehört hatten oder aber nach dem Willen der damaligen Machthaber gehören sollten. Zum Schluß rief der Redner: "Dieses Land muß wieder ..." er machte eine bedeutungsvolle Pause.

Gerda meinte bereits die Ergänzung auswendig zu kennen.

Doch diesmal lautete die Antwort des vielstimmigen Chores anders: "... unser werden!"

Alle setzten sich, und sogleich wurde unaufgefordert jedem Gast ein frischgezapftes Bier vorgesetzt.

Spätestens seit diesem Augenblick befürchtete sie, bei irgendeiner Art Sekte gelandet zu sein.

Der reguläre Vortrag begann. Dieser beschäftigte sich allerdings nicht im Geringsten mit Ernährungsfragen oder dem Risiko des Rauchens.

Die Ausführungen erschienen der Zuhörerin so unglaublich, daß sie gar nicht wußte, worüber sie sich am meisten aufregen sollte.

".... Geisteskranke sind Volkswirtschaftsschädlinge ...., Ausländer Schmarotzer, ... das deutsche Mutterkreuz wieder einführen ...!"

Schließlich dankte Regensburger dem örtlichen Funktionär Herbert Braun für seinen unermüdlichen Einsatz und begrüßte die neuen Mitkämpfer. Dies geschah, indem er eine Person nannte und die Menge aufstand und applaudierte.

Als er plötzlich Gerdas Namen in das Mikrophon rief und alle im Saal ihr zunickten und klatschten, riß ihr der Geduldsfaden.

"Ich habe keine Ahnung, was hier gespielt wird, aber tragen Sie mich sofort wieder aus diesem Verein aus."

Sie stand auf und wollte nur noch weg.

Als sei ein Kältestrahl in den Saal gedrungen und habe alle Besucher schockgefroren, breitete sich Stille aus. Kein Bierglas klapperte, niemand sprach, selbst der Referent starrte Gerda nur mit aufgerissenen Augen an.

Kurz bevor sie den Eingang erreichte, löste sich die Starre, und ein vielstimmiges Gebrüll zerriß die Stille. Bevor die Besucherin es

sich versah, packte Herbert Braun sie am Handgelenk und zerrte sie nach vorne auf die Bühne.
“Eine Verräterin, eine verdammte Spionin!”
“Das soll sie büßen!” schrie einer aus der Menge.
“Mach sie kalt!” brüllte ein anderer.
“Mach die Verräterin kalt”, verlangten immer mehr wutentbrannte Stimmen.
Herbert Braun starrte Gerda haßerfüllt an.
“So eine wie du gehört aufgehängt.”
Professor Regensburger befahl: “Ruhe. Laß die Frau sofort los.”
Widerstrebend gehorchte der Funktionär.
“Sehr verehrte Dame, verzeihen Sie das Mißverständnis. Die guten Leute sind manchmal ein wenig zu eifrig. Selbstverständlich können Sie jederzeit aus der Partei austreten. Wir hoffen, daß Ihnen das Essen geschmeckt hat, und wünschen Ihnen einen guten Nachhauseweg.”
Der Parteiführer zog die Mundwinkel zu einem Lächeln hoch.
Ein Frösteln erfaßte ihren Körper und ließ sie noch beim Durchschreiten des Saales nicht los.
Draußen atmete sie tief die frische Luft ein.
Selbst auf dem Parkplatz war noch die Stimme ihres Fürsprechers zu vernehmen: “Wir sind auf dem rechten Weg, und wer nicht für uns ist, ist gegen uns. Der Feind lauert überall, und wir werden ihn vernichten!”
Verwirrt startete sie den Wagen und fuhr nach Hause.

Am folgenden Tag besorgte sie Hyazinthenzwiebeln und setzte diese in mit Gartenerde gefüllte Töpfchen. Diese trug sie anschließend in den dunklen Keller. Da sie im Winter immer nur eine der aufkeimenden Zwiebeln in das warme Wohnzimmer stellte, blühten die Pflanzen zeitversetzt. Es gefiel ihr, sich auf diese Weise ein wenig Frühling in ihre Wohnung zu zaubern.
Nach Beendigung der Tätigkeit kochte sie sich Kakao. Es bereitete

ihr Freude, das Getränk nicht mit Hilfe eines Fertigpulvers zuzubereiten, sondern nach alter Rezeptur. Die Mischung aus Kakao, Milch, Wasser und feingeraspelter Blockschokolade dampfte bald in einer großen Tasse, gekrönt von frisch geschlagener Sahne.
Sie nahm auf ihrem Sofa Platz und genoß den Blick in den Garten.
Wenn sie demnächst ihrer Freundin von den Erlebnissen bei der Sauberes-Land-Partei erzählte, würde diese ihr sicherlich eine ordentliche Gardinenpredigt halten.
Wie konnte sie an jenem Morgen auch nur so unbedacht sein und ohne vorherige Information irgendein Beitrittsformular unterschreiben. Sie hätte sich selbst für diese Dummheit ohrfeigen können.
Draußen fuhr der Wind mit kräftigen Böen durch das Geäst der Bäume. Abgerissene Blätter vagabundierten durch die Luft und landeten schließlich am Boden.
Nach einer Weile beruhigte sich das Wetter. Am besten wäre es wohl, jetzt gleich den Gehsteig zu fegen, bevor der nächste Regen das Laub in einen rutschigen Belag verwandeln würde.
Mit Besen, Kehrschaufel und Eimer bewaffnet, öffnete sie die Haustür.
Vor Schreck fielen ihr alle Gerätschaften aus der Hand, sie warf die Tür sofort wieder ins Schloß.
Der Flur zeigte das gleiche Bild wie vorher. In ihrer Wohnung nirgends Zeichen von Veränderung zu sehen, ließ sie fast glauben, sie sei ein Opfer ihrer Einbildung geworden.
Welche Bedeutung mochte das Tier vor ihrem Eingang bloß haben?
So etwas war ihrer Meinung nach der Stoff, aus dem man geschmacklose Filme drehte oder billige Groschenromane schrieb.
Langsam drückte sie erneut die Klinke hinunter.
Die Ratte baumelte in Höhe ihres Gesichtes, an der mittleren

Eisenstrebe des Vordaches. Der Hals des Tieres steckte in einer Drahtschlinge.

Erneut kehrte sie in das Haus zurück und setzte sich an den Küchentisch. Um ihre Gedanken zu ordnen, beschloß sie, noch eine Tasse Kakao zu trinken.

Vielleicht wollte sich jemand einen Scherz erlauben? Gewiß keinen, den sie witzig fand, doch hatte die Dorfjugend nicht schon manchen groben Unfug im Ort angestellt?

Abgesehen von der Frage nach den Urhebern galt es zu überlegen, wie der Kadaver entfernt werden sollte.

Da wegen dieser Angelegenheit weder Polizei noch Feuerwehr herbeigerufen werden konnte, mußte sie die unangenehme Aufgabe wohl oder übel selbst bewerkstelligen.

“Je schneller ich die Sache hinter mich bringe, desto besser”, entschied sie schließlich.

Mit einer Plastiktüte in der linken und einer Drahtschere in der rechten Hand machte sie sich an die Arbeit.

Wie jeden Dienstag begab sie sich in den Flötenkreis. Die Frauen planten, in der Adventszeit die Menschen im Seniorenheim mit einer Darbietung zu erfreuen.

Der Eifer, mit dem die Damen das besinnliche Programm vorbereiteten, ließ Gerda eine gewisse Rührung empfinden, obwohl sie im Grunde ihres Herzens solche Weihnachtsvorspiele nicht ausstehen konnte. Doch zum einen wollte sie den Mitspielerinnen nicht die Freude verderben, und zum anderen würde diese gute Tat garantiert nicht so ein Reinfall wie ihr eigener Beitritt in die Sauberes-Land-Partei.

Lieber wollte sie einen ganzen Nachmittag lang “Oh du fröhliche” flöten, als noch einmal auf solch eine Versammlung zu geraten!

Abgesehen von dem musikalischen Teil sollten den Alten und Kranken auch selbstgebackene Plätzchen und kleine Geschenke mitgebracht werden.

Gerda hatte sich schon in ihrer jahrzehntelang zurückliegenden Schulzeit vor dem Basteln von Strohsternen und noch viel mehr vor dem Häkeln kunstvoller Spitzendeckchen gedrückt. Darum versprach sie, statt dessen lieber die Organisation des Vorhabens mit der Einrichtung zu koordinieren.
Da ihr Nachhauseweg sowieso an dem Seniorenheim vorbeiführte, beschloß sie, das Ansinnen des Flötenkreises persönlich vorzutragen.
Die Besprechung dauerte nur wenige Minuten, doch die Leiterin lud sie ein, sich ein wenig im Hause umzusehen.
Gerda konnte den Sinn dieser Einladung nicht recht nachvollziehen, was sollte es an diesem Ort Interessantes zu entdecken geben?
Beim Durchschreiten der Flure fühlte sie sich von einer stillen Bedrückung umfangen. Dabei stimmte die bauliche Beschaffenheit des Hauses noch nicht einmal mit ihren Vorstellungen überein.
Hier war es keineswegs grau, düster oder muffig. Große Fenster gestatteten einen weiten Ausblick über die Stadt, die Sonne beschien großblättrige Grünpflanzen. Bunte Wandbilder zogen ihren Blick an, kleine Papierschilder wiesen sie als Leihgaben des örtlichen Kunstvereins aus.
Eine Bewohnerin schritt langsam an ihr vorüber. In der einen Hand hielt sie mehrere Taschenbücher, in der anderen ein großes, leinengebundenes Exemplar. Gerda gelang es, den Titel zu entziffern: "Standardwerk der neuen deutschen Lyrik."
Die Dame nahm in einer der Sitzgruppen Platz.
"Mögen Sie Gedichte?" fragte sie unvermittelt.
"Ich bekomme hin und wieder welche vorgetragen."
"Von wem?"
Gerda mußte lächeln, sie mochte die kleine, schmale Frau mit dem dicken Wälzer auf Anhieb.
"Von einer Bekannten. Ich treffe sie manchmal im Marktcafé. Seit

einem Schlaganfall leidet sie unter Sprachschwierigkeiten. Als Gedächtnistraining lernt sie kurze Texte auswendig."
"In dem Café habe ich früher öfter Eierlikörtorte gegessen. Sehr zu empfehlen."
Gerda schien es, als spiegele sich im Gesicht der älteren Dame Freude über eine fast vergessene schöne Erinnerung.
"Sie haben meine erste Frage aber noch nicht beantwortet. Mögen Sie Gedichte?"
"Ehrlich gesagt interessieren mich Goethe und Schiller nicht übermäßig."
"Ach, die. Vermiesen allen Schulkindern den Spaß an der Literatur!"
Sie reichte der Besucherin ein schmales Büchlein.
"Das schenke ich Ihnen. Mein Rat, lesen Sie jeden Tag nur eines, aber denken Sie darüber wirklich nach."
Im selben Moment legte sich wieder dieses Gefühl der Bedrückung auf Gerda nieder, und nun begriff sie auch, was es verursachte.
"Wo sind die anderen, ich meine, warum sind Sie die einzige hier?"
"Die meisten schauen Fernsehen. Keine Sorge, hier ist man nie wirklich alleine."
Ehe Gerda etwas erwidern konnte, wurde sie mit einem freundlichen Nicken verabschiedet.

Wieder zu Hause angelangt, steckte Gerda das Feuer im Wohnzimmerofen an und betrachtete das geschenkte Buch. Erst jetzt wurde ihr bewußt, daß sie versäumt hatte, sich für die Gabe zu bedanken. Im ersten Moment bedauerte sie das Mißgeschick, doch dann überlegte sie, ob es nicht ein guter Anlaß sein könnte, die Dame nochmals aufzusuchen. Amalasuntra stupste mit der Schnauze mehrmals gegen ihr Bein.
"Kommt her ihr zwei, jetzt seid ihr dran."
Sie setzte sich auf den Teppich und streichelte mit jeder Hand

einen Hund. Währenddessen sann sie darüber nach, welche Freude sie der Gedichteliebhaberin machen könnte. Irgendeinen Lyrikband zu kaufen, hielt sie für keine gute Idee, da sie sich mit der Materie nicht auskannte. Woher aber sollte sie wissen, was der anderen sonst gefallen könnte?
"In dem Café habe ich früher öfter Eierlikörtorte gegessen. Sehr zu empfehlen", so lauteten deren Worte.
Plötzlich wußte sie genau, wie sie ihre neue Bekannte überraschen wollte.
"Laßt mich aufstehen, ich muß etwas für meine Bildung tun."
Die Hunde schienen von diesem Argument nicht sehr beeindruckt zu sein und leckten über ihre Hände.
Gerda lachte, wusch sich und gerade, als sie das Büchlein endlich aufschlagen wollte, klingelte es.
Kurz darauf legte Clara einen Stapel Hochglanz-Broschüren auf den Küchentisch.
"Wenn du die gelesen hast, reden wir nochmal über deine Weltverbesserer."
"Ach, sei bloß still. Ich habe eine Parteiversammlung miterlebt und bin sofort wieder ausgetreten."
"Da bin ich ja froh! Wie haben sie denn darauf reagiert?"
Gerda schilderte ihrer Freundin den Verlauf des Abends.
Die Kommissarin runzelte die Stirn.

Der Oktober war inzwischen verstrichen. Am ersten Novembertag hätte sich Gerda kein schöneres Wetter wünschen können. Im Garten streckte der Kirschbaum seine entlaubten Äste einem sonnigen, blauen Himmel entgegen.
Erst als sie das Seniorenwohnheim betrat, fiel ihr auf, daß sie weder Namen noch Zimmernummer der Dame kannte. Doch glücklicherweise saß die Gesuchte auch an diesem Tag lesend in einer der Sitzgruppen im Flur. "Darf ich Sie zu einem Stück Eierlikörtorte im Marktcafé einladen?"

“So weit kann ich leider nicht mehr laufen, und die Busverbindungen sind sehr ungünstig.”
“Mein Auto steht direkt vor der Tür.”
“Gut, dann melde ich mich nur schnell ab.”
Wenige Minuten später starteten sie gemeinsam.
“Würden Sie vielleicht einen kleinen Umweg machen?”
“Kein Problem, wohin?”
“Rechts abbiegen und den Berg hoch.”
An diesem Südhang lebten bekanntermaßen nur gutbetuchte Leute. In großzügigem Abstand voneinander präsentierten sich weißgestrichene Villen mit großen Fenstern und riesigen Sommerterrassen.
Die Beifahrerin zeigte auf ein im Jugendstil erbautes Haus, welches halb verborgen hinter alten Bäumen stand. Das Gebäude wirkte ebenso gepflegt wie das gesamte Anwesen.
“Die Sträucher habe ich alle selbst gepflanzt.”
“Befand sich früher hier Ihr Arbeitsplatz?”
“Sie meinen, als Haushälterin oder Gartenhilfe?”
Die Dame lächelte nachsichtig.
“Nein, ich war die Besitzerin.”
Abrupt wechselte sie das Thema.
“Ich freue mich auf die Torte, welch wunderbare Idee von Ihnen.”

Als die beiden Frauen das Café betraten, winkte eine Frau.
“Das ist die Dame, die mir hin und wieder Gedichte vorträgt”, erklärte Gerda ihrer Begleitung.
“Setzen Sie sich doch zu mir. Ich bin Herta Hammermann.”
“Mein Name ist Ingeborg Regensburger.”
Gerda stutzte. Welch seltsamer Zufall.
“Wollen wir uns nicht beim Vornamen nennen?”, schlug Herta vor.

“Gerne.”
“Kennen Sie Erich Fried?”
“Oh ja”, erwiderte Ingeborg. “Mögen Sie uns etwas von ihm vortragen?”
Während der Rezitation lächelte die Besucherin aus dem Seniorenheim anerkennend. Anschließend gab sie selbst ein Gedicht zum Besten.
Hatte Gerda geglaubt, dies sei der Abschluß des literarischen Dialoges, täuschte sie sich gewaltig. Die zwei legten jetzt erst richtig los.
Der Austausch brach erst ab, als die Bedienung kassierte, weil das Café in wenigen Minuten geschlossen werden würde.
“Wir müssen uns unbedingt wiedersehen!”
Gerda lud die beiden Damen ein, in der nächsten Woche bei ihr zu Hause selbstgebackenen Apfelstrudel zu probieren.
“Ich hole euch mit dem Auto ab”, versprach sie.

Am nächsten Tag wollte sie sich Zeit dafür nehmen, ein neues Flötenstück zu lernen. Die Hunde verlangten aber natürlich trotzdem einen Spaziergang. Ungeduldig liefen sie vor der Tür auf und ab, und sobald diese geöffnet wurde, stürzten sie hinaus.
Erst als Gerda ihnen ins Freie folgte, entdeckte sie die Bescherung.
In großen, leicht verwackelten Buchstaben war ein Satz auf die Hauswand gesprüht worden.
“Hier wohnt ein Volksschmarotzer!”
Gerda bebte vor Zorn. Sie las den Spruch wieder und wieder und auf einmal ging ihr auf, wer hinter dieser Tat stecken mußte.
Wäre sie nicht ihrer Wut, sondern ihrem Verstand gefolgt, hätte sie sich die Belehrungen von Hauptkommissar Bauer ersparen können.
Doch nun war es zu spät, um die Polizeiwache wieder zu verlassen.

“Sie fühlen sich also bedroht und behaupten, Herr Professor Regensburger habe Ihnen eine tote Ratte vor die Tür gehängt und die Hausfassade beschmiert?”
“Nein, nicht er persönlich, aber Anhänger seiner Vereinigung.”
“Die Sauberes-Land-Partei hat sich Recht und Ordnung auf die Fahnen geschrieben. Glauben Sie, Leute, die den Personalschlüssel der Polizei verdreifachen wollen, würden selbst gegen das Gesetz verstoßen?”
Er bedachte die vor ihm sitzende Frau mit dem Blick eines Erwachsenen, der einem Kind erklärt, es brauche sich nicht vor dem Gespenst im Schrank zu fürchten.
In väterlichem Ton fuhr er fort: “Hören Sie auf, sich Sorgen zu machen. Irgendwelche pubertierenden Dorflümmel haben Ihnen dumme Streiche gespielt.
Übrigens würden Sie mit Ihrem Ärger gerade bei Professor Regensburger auf viel Verständnis stoßen. Lesen Sie mal im Parteiprogramm nach, was er über die Fehlentwicklungen der modernen Erziehung schreibt. Wenn es nach ihm ginge, würde die Prügelstrafe wieder eingeführt. Heutzutage werden straffällige Jugendliche nämlich nur von Sozialarbeitern verhätschelt.”
Gerda sparte es sich, mit dem Hauptkommissar eine Diskussion anzufangen.
Unverrichteter Dinge kehrte sie nach Hause zurück. Dort holte sie aus dem Keller Farbe und einen dicken Pinsel. In ihrer Wut strich sie mindestens doppelt so schnell wie sonst, so daß binnen kurzem die Fassade wieder weiß leuchtete.

Die zwei Besucherinnen ließen sich auf Gerdas Sofa bequem nieder. Sie strahlten wie Kinder unter dem Weihnachtsbaum.
“Ich liebe Fachwerkhäuser.”
“Was für ein wunderbarer Garten.”
“Am schönsten finde ich den Ofen. Was gibt es Gemütlicheres, als bei schlechtem Wetter ins Feuer zu schauen?”

“Ich beneide dich darum, daß du Hunde halten kannst.”
Gerda lächelte.
“Das Anwesen ist eigentlich viel zu groß für mich alleine.”
Herta, die sich im bisherigen Kontakt weitgehend auf den Vortrag von Gedichten beschränkt hatte, fragte plötzlich unvermittelt: “Du bist so bleich, plagen dich irgendwelche Sorgen?”
Da berichtete die Gastgeberin von den merkwürdigen Geschehnissen der letzten Tage.
“Ihr haltet mich jetzt bestimmt für das dümmste Schaf auf zwei Beinen, dem ihr je begegnet seid.”
Herta winkte ab. Dann wandte sie sich an Ingeborg. “Ist die Namensübereinstimmung mit dem Parteiführer rein zufällig, oder handelt es sich um deinen Sohn?”
Die Angesprochene schmunzelte.
“Er war mein Ehemann. Wer hier den Titel ‚dümmstes Schaf‘ gewinnen würde, steht noch dahin.”
“Wir müßten diese Auszeichnung alle gemeinsam erhalten, wenn wir den Apfelstrudel kalt werden ließen!”
Die Damen schienen mit gutem Appetit gesegnet zu sein. Nicht einmal ein Anstandsstück blieb übrig.
“Nun spann uns nicht länger auf die Folter”, verlangte Gerda von Ingeborg. “Was hast du für Dummheiten angestellt?”
“Die Geschichte liegt bereits viele Jahre zurück. Es begann mit einer Fortbildungsveranstaltung. Damals war ich als Ärztin für Frauenheilkunde in der Städtischen Klinik angestellt gewesen.”
“Frau Doktor Regensburger?”
“Das kam erst später. Immer der Reihe nach. Also, auf der besagten Fortbildung lernte ich einen Kollegen kennen, Joseph. Er arbeitete im Krankenhaus der Nachbarstadt. Sämtliche Freunde rieten mir, die Finger von ihm zu lassen, doch ich verliebte mich Hals über Kopf und wollte ihre Einwände nicht hören. Im Gegenteil, ich nahm seinen Heiratsantrag mit fliegenden Fahnen an. Um es kurz zu machen, meine Eltern gehörten früher zu den wohlhabendsten

Leuten der Gegend. Als einzige Tochter hatte ich nach ihrem Tod eine Jugendstilvilla, Anteile bedeutender Firmen und Einlagen in Aktienfonds geerbt. Die Verwaltung von Vermögensangelegenheiten gehörte jedoch noch nie zu meinen Steckenpferden, deshalb war es mir recht, als Joseph sich nach unserer Hochzeit darum kümmern wollte. Zu diesem Zweck stellte ich ihm eine Generalvollmacht aus.

Bereits kurz nach den Flitterwochen wurde Joseph immer unzufriedener. Nach dem Grund befragt, erklärte er mir, er wolle unbedingt zum Professor habilitieren. Doch die viele Arbeit im Krankenhaus lasse ihm dazu keine Zeit. Nun muß ich erwähnen, daß ich mich damals schon lange selbst mit diesem Gedanken befaßte. Aus diesem Grunde stellte ich seit geraumer Zeit Forschungen zum Thema Brustkrebsbehandlung an. Dies geschah allerdings noch nicht im offiziellen Rahmen, sondern quasi nach Feierabend, denn ich wollte mich zunächst gut vorbereiten.

Als ich bemerkte, wie gereizt mein Ehemann auf die offensichtlichen Fortschritte reagierte, wurde mir klar, daß er es nie ertragen könnte, wenn ich die Professorenwürde verliehen bekäme."

Sie seufzte tief.

"Was ich dann tat, könnt ihr euch sicherlich denken."

"Das hast du doch nicht wirklich gemacht?"

Herta starrte sie mit weit aufgerissenen Augen an.

"Vor allem verstehe ich nicht, warum er weniger Zeit gehabt haben soll als du. Deine Tätigkeit in der Klinik war doch nicht weniger anstrengend!"

"Du hast völlig recht, und selbst damals wußte ich schon, daß der wahre Grund ein anderer war. Ehrlich gesagt berichteten mir meine Freunde, Joseph habe nur mit Hilfe guter Beziehungen das Studium und die Doktorarbeit bestanden. Mir war klar, daß er eine Habilitation vermutlich nicht schaffen würde.

Um ihn glücklich zu machen und die Ehe zu retten, schrieb ich also eine Forschungsarbeit, die er dann als seine eigene ausgab. Der

Plan ging auf und mein Mann erhielt die Professorenwürde. Es dauerte nicht lange, und ihm wurde in dem Krankenhaus, in dem auch ich arbeitete, die Leitung der Frauenstation angetragen. Angeblich beschwerten sich bald Kollegen über die Bevorzugung der Ehefrau. Dabei kann ich euch versichern, daß mir die Zusammenarbeit zutiefst unangenehm war und von einer Vorzugsbehandlung ganz gewiß nicht die Rede sein konnte. Der Personalchef legte mir nahe, in gegenseitigem Einvernehmen den Arbeitsvertrag aufzulösen. Dies tat ich dann auch, und um mich zu trösten, erfüllte ich mir einen Jugendtraum. Ich absolvierte ein Germanistikstudium, mit dem Schwerpunkt neue deutsche Lyrik. Diese Entscheidung fand Josephs Beifall, vermutlich, weil er nun nicht mehr fürchten mußte, seine eigene Frau könne ihm fachlich ins Gehege kommen.
Eines Tages fuhr mein Mann für eine Woche nach Berlin, um die besagte Forschungsarbeit auf einem Fachkongreß vorzustellen. Während ich allein im Haus saß, sah ich vor meinem geistigen Auge die Zeit unseres Zusammenlebens an mir vorüberziehen. Es schien mir, als könne ich ein Bild von mir selbst betrachten. Stets verkleinerte es sich, verlor an Kontur. Zurück blieb ein undeutlicher Schatten. Plötzlich fragte ich mich auch, ob einer, der sich von Kollegen für die Ergebnisse meiner Arbeit ehren ließ, bei der Vermögensverwaltung nicht eher auf seinen eigenen Vorteil bedacht sein könnte?
Ich nutzte die Zeit seiner Abwesenheit und prüfte sämtliche Unterlagen. Das Erbe schien sich in Luft aufgelöst zu haben, außerdem existierten auf meinen Namen erhebliche Schuldverschreibungen. Als ich zum Schluß noch Briefe fand, die von diversen Liebesabenteuern zeugten, platzte mir der Kragen. Wutentbrannt fuhr ich schnurstracks nach Berlin auf diesen Kongreß. Der Redner war so verblüfft, als ich ihm das Mikrophon aus der Hand riß, daß ich den Kollegen tatsächlich die Wahrheit über die Habilitationsschrift offenbaren konnte."

“Die haben bestimmt nicht schlecht gestaunt und deinen werten Gatten mit Schimpf und Schande vor die Tür gesetzt”, freute sich Herta.

“Von dem Kongreß verwiesen sie nicht ihn, sondern mich! Zu Hause reichte ich dann so schnell wie möglich die Scheidung ein. Die Schulden konnten allerdings nur durch den Verkauf des Hauses getilgt werden. Nachdem ich das Studium beendet hatte, wollte ich in meinen Brotberuf als Ärztin zurückkehren. Doch mein von allen als peinlich empfundener Auftritt in Berlin hatte mir landauf, landab den Ruf eingebracht, verrückt und hysterisch zu sein. Da mich keine Klinik mehr unter Vertrag nahm, schlug ich mich als Dozentin für Deutschkurse in der Volkshochschule durch.”

“Wußtest du damals von seinen politischen Aktivitäten?”

“Meines Wissens nach begann er erst einige Jahre nach der Scheidung, die Sauberes-Land-Partei aufzubauen.”

Nachdem Gerda ihren Besuch nach Hause gefahren hatte, schickte sie die Hunde in den Garten. “Morgen gehen wir wieder spazieren.”

Eine Weile später kehrte Dunkelfell fröhlich wedelnd zurück. Er trug etwas im Maul und legte es vor ihr nieder. Vermutlich hatte er geglaubt, sie habe dieses Objekt versteckt, wie so oft schon bei der Übung “Such und bring”. Erwartungsvoll neigte er den Kopf zur Seite in der Hoffnung, einen Hundekuchen als Belohnung zu erhalten.

Sie rief Amalasuntra, und die Hündin brachte ebenfalls stolz einen solchen Fund mit.

Verwundert hob Gerda die Gegenstände auf und begriff, daß es sich um Köder handelte, so wie sie Jäger auslegen, um Füchse zu vergiften.

Erschrocken griff sie zum Telephonhörer.

Wenige Minuten später traf Clara ein.

“Langsam wird die Sache wirklich ernst.”

“Wie kann ich mich bloß wehren?”
“Leider hast du nicht den geringsten Beweis dafür, daß die Sauberes-Land-Partei hinter all diesen Vorfällen steckt.”
“Wird die Polizei erst aktiv, wenn ich als Leiche im Stadtpark gefunden werde?”
“Ich verstehe deine Wut, aber offiziell kann ich leider gar nichts tun, außer eine Anzeige gegen Unbekannt aufzunehmen.”
“Darauf kann ich verzichten, das bringt doch überhaupt nichts.”
“Da hast du leider recht. Wir müssen auf eigene Faust handeln.”
“Was meinst du denn damit?”
“Wir sollten uns mal ein bißchen im Haus dieses Ehrenmannes umsehen. Vielleicht finden wir irgendwelches verdächtiges Material.”
“Ich kann mir nicht vorstellen, daß im Terminkalender des Herrn Professors die Eintragung steht: ‚Auftrag zum Hundevergiften gegeben‘.
“Das bestimmt nicht, aber möglicherweise etwas anderes.”
“Und wie willst du das Ganze ohne Durchsuchungsbefehl bewerkstelligen?”
“Sagtest du letztens nicht, daß freitags die Parteiversammlungen abgehalten werden? Morgen ist Freitag. Während er bei seinen Genossen sitzt, statten wir seiner Villa einen Besuch ab.”
“Du meinst, wir sollen dort heimlich einsteigen? Wenn das rauskommt, bist du deinen Job los!”
“Stell dir vor, die Hunde hätten die Köder gefressen. Dann wären Amalasuntra und Dunkelfell jetzt tot. Bevorzugst du es, darauf zu warten, daß noch etwas Schlimmeres geschieht? Also, ich hole dich morgen abend um 19:00 Uhr ab!”

Nachdem die Kommissarin gegangen war, dachte Gerda über ihren Vorschlag nach. Einzubrechen gehörte nicht gerade zu den Beschäftigungen, mit denen sie sich üblicherweise die Zeit zu vertreiben pflegte. Sie mußte grinsen. Viel konnte ihr ja eigentlich nicht zustoßen, schließlich stand sie dabei unter Polizeischutz. Allerdings stellte sich ihr die Frage, ob die Umsetzung des Vorhabens nicht etwas überstürzt geplant war. Andererseits war es wirklich höchste Zeit zu handeln. Vielleicht demolierten die Männer als nächstes ihr Fahrzeug, legten einen Brand oder überfielen gar sie selbst? Herbert Braun hätte ihr ja am liebsten bereits an jenem Abend in der Gaststätte den Hals umgedreht.

Am nächsten Morgen schaffte sie es beim Frühstück kaum, ihr Toastbrot aufzuessen. Wie um alles in der Welt sollte sie bloß bis zum Abend die Zeit herumbringen? Sie beschloß, einen Hausputz zu veranstalten, dieser Zeitvertreib täte ihrer Wohnung auf jeden Fall gut.

Das Telephon klingelte. Doch als sie abnahm, erklang nicht wie erwartet die Stimme der Kommissarin, sondern von Herta Hammermann.

“Ich wollte dir und Ingeborg mitteilen, daß ich mich zur Behandlung in die Frauenklinik begeben muß. In meiner Gebärmutter hat sich ein Gewächs gebildet. Es ist gutartig, aber ich will es entfernen lassen, da ich unter unangenehmen Beschwerden leide.”

“Gut, daß du Bescheid gibst, wir besuchen dich auf jeden Fall.”

“Wenn ihr kommt, freue ich mich riesig. – Du klingst so mitgenommen, ist irgend etwas vorgefallen?”

“Das kann man allerdings sagen!”

Gerda berichtete über den Versuch, die Hunde mit Giftködern zu töten.

Bevor Herta etwas erwidern konnte, mußte sie das Telephonat abbrechen, da vor ihrer Tür ein Taxi hupte, um sie in die Klinik zu bringen.

Am Abend entschied Gerda, schwarze Kleidung anzuziehen, um sich so unsichtbar wie möglich durch die Dunkelheit bewegen zu können.

Wenig später hielt ein Wagen mit laufendem Motor am Straßenrand. Sie lief hinaus, öffnete die Heckklappe des Fahrzeuges, befahl Amalasuntra und Dunkelfell hineinzuspringen und nahm anschließend neben ihrer Freundin Platz.
“Ich habe keine Ruhe, wenn ich die Hunde alleine zu Hause lasse.”
“Das verstehe ich gut. Außerdem habe ich, wie du siehst, Grün ja auch mitgenommen, obwohl sie während unserer Aktion im Auto bleiben muß.”
Als ihr Name fiel, leckte die Hündin ihrer Besitzerin von hinten über den Nacken.
“Das habe ich ihr schon hundert Mal verboten, aber ich hätte mir die Mühe sparen können.” Mit einem liebevollen Schmunzeln befahl sie: “Benimm dich gefälligst wie ein Polizeihund.”
Grün gähnte und wirkte nicht im geringsten beeindruckt.
“Sie liebt dich eben heiß und innig. Außerdem hast du doch gerade selbst gesagt, daß sie heute abend nicht im Dienst ist.”
Die Fahrt dauerte nicht lange, bald parkten sie etwas abseits in einer kleinen Gasse. Zu Fuß erreichten die beiden Frauen nach wenigen Minuten ihr Ziel.
“Dreh dich nicht um, sondern tu so, als wäre es dein gutes Recht, über das Grundstück zu laufen”, flüsterte Clara.
Diese Vorgehensweise bewirkte, daß tatsächlich keiner der Passanten Verdacht schöpfte.
Kurz darauf befanden sie sich auf der Rückseite des Gebäudes. Nichts deutete auf die Anwesenheit irgendwelcher Leute in dem Haus hin. Alle Fenster waren so schwarz wie die sie umgebende Dunkelheit.
Bevor Gerda es sich versah, hatte Clara bereits die Terrassentür geöffnet, ohne sie zu beschädigen.
“Wie hast du die denn aufbekommen?”
“Sei still und folge mir.”
Gemeinsam inspizierten sie nun alle Räume. Die Kommissarin

untersuchte Schränke, antike Kommoden und den Schreibtisch. Dies geschah in einer Weise, die keinerlei Spuren hinterließ. Weder durcheinandergeratene Briefe noch Aktenordner am falschen Platz sollten auf den ungebetenen Besuch hinweisen. Obwohl die Situation alles andere als komisch war, mußte Gerda grinsen. Wenn ihre Freundin nicht bei der Polizei arbeiten würde, hätte sie durchaus Talent gehabt, als Einbrecherin Karriere zu machen. Doch weder unter der Matratze des Bettes noch hinter den an der Wand hängenden Ölgemälden wurden sie fündig. So systematisch sie auch suchten, es gelang ihnen nicht, den kleinsten Hinweis auf irgend etwas Verdächtiges zu ergattern. Als die Kommissarin schließlich auf allen Vieren den Dielenboden nach losen Brettern absuchte, nötigte ihr die perfekte Sauberkeit sogar einen gewissen Respekt ab. Hätte sie etwas wirklich aus dem Rahmen fallendes in dieser Villa benennen sollen, so wäre dies das vollständige Fehlen jeglichen Staubes gewesen. Diese Heimstatt mußte einem pathologischen Sauberkeitsfanatiker gehören.

"Vermutlich gibt er die Hälfte seines Einkommens nur für Putzmittel aus", kicherte sie.

"Unser Land soll wieder sauber werden, finden Sie das nicht auch?"

Schlagartig war der Raum hell erleuchtet, die beiden Freundinnen blinzelten in das blendende Licht. Um sie herum standen mindestens zwanzig Männer, an die Gesichter erinnerte sich Gerda genau. Es waren Anhänger der Partei.

"Diese Dame kennen wir ja bereits; na, haben Sie es sich überlegt und wollen zu uns zurückkommen?"

Herbert Braun blickte Gerda spöttisch an. Dann befahl er Clara: "Los, Jacke ausziehen."

Diese gehorchte, denn an Flucht war nicht zu denken. Herbert durchsuchte die Taschen und fand den Polizei-Ausweis. Unschlüssig übergab er dem Hausherrn das Dokument.

"Liegt ein Durchsuchungsbefehl vor?"

“Nein.”

“Das macht nichts. Alles unnötiger Quatsch, der die Polizei nur von der Arbeit abhält. Angeblich sollen Unschuldige vor Übergriffen des Staates geschützt werden. Ein anständiger Bürger freut sich, der Polizei behilflich sein zu können. Wer nichts zu verheimlichen hat, braucht sich auch hinter keinem Durchsuchungsbefehl zu verstecken. Verehrte Frau Kommissarin, darf ich Sie bitten, mir in den Keller zu folgen?”

Gerda befürchtete, ihre Freundin werde nun in irgendwelche dunklen Gemäuer gesperrt oder schlimmeres. Doch im Gegenteil, der Hauseigentümer führte die Polizistin nun in alle Ecken des Anwesens, die sie bis jetzt noch nicht hatte inspizieren können. Keller, Dachboden, Holzschuppen, Gartenhäuschen und Kraftfahrzeug öffnete er höchstpersönlich und verlangte, sie möge alles gründlich untersuchen. Er ließ es nicht zu, daß sie auch nur eine Schublade ungeöffnet ließ, forderte immer wieder noch mehr Gründlichkeit. Als schließlich das gesamte Anwesen auf den Kopf gestellt worden war, wollte er wissen: “Sind Sie zufrieden? Herrscht hier Ordnung?”

Clara nickte.

“Was glauben Sie, werde ich nun tun?”

“Vermutlich zeigen Sie uns an.”

“Aber werte Frau Kommissarin, habe ich mich vorhin nicht deutlich ausgedrückt? Ich begrüße Ihr Vorgehen ganz ausdrücklich und lade Sie jederzeit ein, in unseren Wohnungen nach dem Rechten zu sehen. Nicht wahr, wir freuen uns, die Polizei unterstützen zu können?”

Alle Anwesenden nickten eifrig.

“Wünschen Sie eine Adressenliste sämtlicher Parteimitglieder? Dann können Sie dort noch heute abend alles unter die Lupe nehmen.”

“Nein, danke. Das ist nicht nötig.”

“Ach übrigens, fast hätten wir gar nicht das Vergnügen gehabt, uns kennenzulernen. Üblicherweise findet nämlich freitags unsere Parteiversammlung statt. Doch anläßlich meines Geburtstages erlaubte ich mir, die Herren nach dem gemeinsamen Essen zu einem Umtrunk in gemütlicher Runde einzuladen. Trinken Sie ein Gläschen mit uns?"

"Vielen Dank, aber wir sollten jetzt gehen."

"Passen Sie auf sich auf, nicht, daß Ihnen noch etwas zustößt."

Die Freundinnen beeilten sich, zu ihrem Fahrzeug zu gelangen.

"Es ist mir ein Rätsel, woher die Genossen plötzlich gekommen sind. Warum haben wir sie denn nicht gehört?"

"Möglicherweise konnte man von außen den Schein der Taschenlampen sehen. Daß die Herren dann nicht gerade mit Pauken und Trompeten das Haus betraten, wäre doch einleuchtend."

"Jedenfalls ist mir das Herz fast in die Hose gerutscht."

"Nicht nur dir."

"Warum bloß will er darauf verzichten, Anzeige zu erstatten?"

"Es scheint, als ob er unter allen Umständen Aufsehen vermeiden will. Eine Anzeige würde mit Sicherheit dicke Schlagzeilen in der Presse hervorrufen. Ich denke, wir sollten uns trotzdem in Acht nehmen. Komm heute nacht besser mit zu mir nach Hause."

Ohne Zögern willigte Gerda ein, der Schreck saß ihr noch tief in den Knochen.

Das Frühstück am nächsten Morgen verlief einsilbig. Beide Frauen hingen ihren Gedanken nach.

"Könntest du für ein paar Tage irgendwo unterkommen? Mein Vermieter macht mir die Hölle heiß, wenn sich in der kleinen Wohnung drei Hunde aufhalten."

"Auf Anhieb fällt mir niemand ein. Aber ich denke darüber nach."

"Ich muß zum Dienst. Versprich mir, nicht alleine in dein Haus zu gehen."

Gerda blickte ihre Freundin an. Sie sah übermüdet und sorgenvoll aus.

"Du kannst dich darauf verlassen."

"Was haben Sie sich dabei gedacht?" brüllte Hauptkommissar Bauer. Clara begriff nicht im geringsten, was ihren Chef derart in Rage versetzte. Selbst wenn er sich in noch so schlechter Stimmung befand, durfte sie üblicherweise zumindest erst einmal in den Raum eintreten, die Tür schließen und ihre Jacke an den Haken hängen. Heute brach das Unwetter jedoch in demselben Moment über sie herein, in dem sie nur den Fuß über die Schwelle setzte.

"Antworten Sie gefälligst, wenn ich Sie etwas frage!"

"Um was geht es denn eigentlich?"

Seine vor Wut heisere Stimme nahm einen zynischen Ausdruck an.

"Ach, Sie leiden wohl an einer Gedächtnisstörung, oder wollen Sie sich auf Unzurechnungsfähigkeit wegen Alkoholgenuß herausreden? Vielleicht befanden Sie sich gestern abend während des Einbruchs ja im Delirium?"

"Woher wissen Sie ... ich meine ... er wollte doch keine Anzeige erstatten", erwiderte sie matt.

"Das tat Herr Professor Regensburger auch nicht. Er erschien hier vielmehr, um mir eine Belobigung auszusprechen. Er glaubt natürlich, ich als Ihr Vorgesetzter hätte Ihnen den entsprechenden Befehl gegeben. Als strikter Verfechter von Recht und Ordnung befürwortet er grundsätzlich ein prophylaktisches Vorgehen der Polizei."

"Warum eigentlich?"

Einen Augenblick lang vergaß Bauer seinen Zorn.

"Der Parteiführer meint, so wie Menschen sicherheitshalber zum Arzt gehen, um versteckte Krankheiten möglichst rechtzeitig zu entdecken, sollte der Staat ebenfalls Vorsorgeuntersuchungen durchführen. Im Programm schreibt er zu diesem Thema, ein Gemeinwesen sei dem menschlichen Körper vergleichbar, einzelne entartete Zellen müßten in einem möglichst frühen Stadium aufgespürt und vernichtet werden."

Der Hauptkommissar schien sich wieder an den eigentlichen Zweck seiner Befragung zu erinnern.

"Raus mit der Sprache, was in Teufels Namen hat das alles zu bedeuten?"

"Ich hoffte, verdächtiges Material zu finden ..."

"Sie sind ja wohl von allen guten Geistern verlassen! Außerdem verstößt ein solches Vorgehen gegen das Gesetz. Unter normalen Umständen müßte ich Sie umgehend vom Dienst suspendieren und den Staatsanwalt einschalten. Doch da der Professor ja so begeistert über die Sache ist, weiß ich auch nicht, was ich mit Ihnen machen soll."

Trotz ihrer mißlichen Lage mußte Clara innerlich schmunzeln. Augenscheinlich hatte ihr Chef verschwiegen, daß er völlig ahnungslos über die Aktivitäten seiner Untergebenen war. Ob er gegenüber dem von ihm so verehrten Parteiführer den Eindruck vermeiden wollte, die Abteilung nicht völlig im Griff zu haben? Jedenfalls schien er jetzt in der Zwickmühle zu stecken. Am liebsten hätte er ihr eine saftige Strafe aufgebrummt, doch statt dessen mußte er gute Miene zum bösen Spiel machen.

"Eines verspreche ich Ihnen: Wenn Sie auch nur noch ein einziges Mal über die Stränge schlagen, können Sie Ihre Karriere vergessen."

Er machte eine Pause.

"Übrigens, die Reinemachefrau geht nächsten Monat in Rente. Vielleicht wollen Sie sich für diese Tätigkeit ja schon mal vorsichtshalber bewerben?"

Er verließ seinen Platz und warf laut krachend die Tür hinter sich zu.

Nachdem Clara ihr diesen Vorfall telephonisch berichtet hatte, schaute Gerda auf die Uhr. Ihr blieb keine Zeit, um über die merkwürdige Begebenheit nachzudenken. Sie mußte sofort losfahren, wenn sie, wie geplant, Ingeborg abholen und dann mit ihr gemeinsam Herta einen Krankenbesuch abstatten wollte.

Die Patientin freute sich, als die beiden Frauen eintraten.
An Ingeborg gewandt meinte sie: "Dein Ex-Mann ist ja ein richtiger Fahrradfahrer!"
"Wieso, treibt er neuerdings Sport?"
"Aber nein. Dies ist die Bezeichnung für Leute, die nach oben buckeln und nach unten treten. Dem Personal gegenüber benimmt er sich, als wäre er der liebe Gott persönlich, bei Privatpatientinnen dagegen überschlägt er sich vor Freundlichkeit. – Übrigens, was hältst du eigentlich von der Sache mit den Giftködern?"
"Sie weiß noch nichts davon", mischte sich Gerda ein und erläuterte in kurzen Worten das Geschehene. Anschließend erzählte sie von dem mißglückten Versuch, in dem Haus des Professors nach verdächtigem Material zu fahnden.
"Stellt euch vor, er zwang Clara auch noch, den Keller, den Speicher und das Auto zu inspizieren. Statt uns wegen des Einbruchs anzuzeigen, war er über die Hausdurchsuchung derart begeistert, daß er heute morgen ihren Chef für diese Aktion belobigte."
Ingeborg erwiderte: "Vermutlich fühlte er sich im Haus absolut sicher, darum wollte er die Kommissarin vorführen. Selbst wenn es einen anderen Ort geben sollte, wo er tatsächlich etwas versteckt, wird sich die Polizei kein zweites Mal eine derartige Blöße geben. Ihr hättet ihm vermutlich also keinen größeren Gefallen tun können."

Nachdem Gerda Ingeborg in das Seniorenheim zurückgebracht hatte, entschied sie sich, Claras Rat zu befolgen und in den näch-

sten Tagen lieber nicht in ihr eigenes Haus zu gehen. Statt dessen mietete sie in der Umgebung eine Ferienwohnung.
Dort wollte sie den Abend eigentlich mit einem guten Buch und einem Glas Portwein ausklingen lassen. Doch sowie sie sich hingesetzt hatte, fielen ihr fast die Augen zu. So beschloß sie, mit den Hühnern schlafen zu gehen. Als das Handy klingelte, glaubte sie zunächst, es sei mitten in der Nacht. Ein Blick auf den Wecker belehrte sie jedoch, daß es bereits sieben Uhr morgens war. Wer mochte zu dieser Zeit anrufen?
"Komm bitte so bald wie möglich zu mir!"
"Um Himmels willen Herta, was ist denn los?"
"Tu einfach, was ich dir sage."
Die Anruferin legte den Hörer auf.
Obwohl Gerda noch nicht einmal gefrühstückt hatte, setzte sie sich sofort in ihren Wagen und fuhr los.
Wenige Minuten später erreichte sie die Klinik.
Auf das Klopfen an der Zimmertür ertönte ein ungeduldiges "Herein."
Ohne sich mit einem Morgengruß aufzuhalten, befahl Herta: "Hier, nimm das und gib es der Kommissarin."
Gerda starrte auf den dicken braunen Briefumschlag, der ihr entgegengestreckt wurde.
Nervös blickte Herta ständig in Richtung Tür.
"Geh jetzt und beeil dich!"
Als die Besucherin den Raum verließ, schien die Station wie ausgestorben. Vermutlich fand gerade die Dienstübergabe statt.
Auf dem Parkplatz überlegte Gerda, ob sie sofort Clara anrufen sollte. Doch dann fiel ihr auf, daß das Handy sich nicht wie üblich in der Jackentasche befand. Es mußte noch in der Ferienwohnung liegen.
Sie entschied, dorthin zurückzukehren und den Inhalt des Kuverts erst einmal selbst in Augenschein zu nehmen.

Aufgeregt kam ihr die Vermieterin bereits an der Tür entgegen.
“Die Polizei hat die Ferienwohnung durchsucht. Jede Schublade haben sie aufgemacht und sogar im Kühlschrank nachgesehen! Als sie nichts Verdächtiges fanden, gingen sie wieder und sagten, es sei eine Personenverwechslung gewesen.”
“Wie sahen die Beamten denn aus?”
“Sie trugen Zivilkleidung. Der größere von beiden führte einen Schäferhund an der Leine.”

Was auch immer an diesem Morgen bereits alles vorgefallen sein mochte, Gerda beschloß, sich erst einmal ein Frühstück zu genehmigen.
Anschließend öffnete sie den mitgebrachten Umschlag. Es schien sich um die Ergebnisse einer Untersuchungsreihe zu handeln. Solche Unterlagen stellten in einem Krankenhaus ja nun wahrlich nichts Bemerkenswertes dar, wäre nicht auf jeder Seite ein dikker Stempel “Streng vertraulich” aufgedruckt gewesen. Sie wählte Claras Nummer. Ihre Freundin klang jedoch kurz angebunden und machte klar, daß sie erst nach Dienstschluß kommen könnte.
Gerda mochte jedoch nicht bis zum späten Abend warten, um die Bewandtnis dieser Zahlenkolonnen herauszufinden.
Ob Ingeborg sich wohl einen Reim darauf machen könnte? Immerhin war sie vor Jahren als Ärztin in eben jener Klinik einmal tätig gewesen.
Am Telephon erklärte sich die Gefragte mit einem Treffen einverstanden. Allerdings wünschte sie, die Arbeit mit einem Vergnügen zu verbinden.
“Laß uns in der Stadt ein Stück Torte essen.”
“Es erscheint mir nicht gerade ratsam, uns ins Getümmel zu stürzen.”
“Das Seniorenheim besitzt viele Ohren, in einem öffentlichen Lokal hingegen wird niemand auf die Idee kommen, daß wir ein

Geheimnis haben. Oder würdest du dich mit möglicherweise brisanten Unterlagen mitten in das Marktcafé setzen?”

Gegen diese Logik wußte Gerda kein Argument vorzubringen.

Bald darauf saßen sie gemeinsam in dem Lokal, an einem Fenstertisch, mit Blick auf die Fußgängerzone.

Während Gerda zur Eile drängte, bestellte Ingeborg sich zuerst einmal eine Creme-Schnitte und ein Glas Moccalikör. Erst nachdem sie den Kuchen genußvoll in kleinen Häppchen gelöffelt hatte, wandte sie sich endlich den Papieren zu.

Anfangs blätterte sie zügig und las nur oberflächlich darüber hinweg. Plötzlich aber runzelte sie die Stirn und ihre Augen verengten sich.

Von draußen drang Akkordeonmusik in den Raum. Die Klänge ließen Gerda alles um sich herum vergessen; ohne Erklärung sprang sie vom Stuhl auf und lief so schnell sie nur konnte hinaus.

Die Musikantin setzte mitten im Stück das Instrument ab und umarmte Gerda so stürmisch, daß dieser fast die Luft wegblieb. Das Publikum blickte unschlüssig drein, da es nicht einordnen konnte, ob die Szene möglicherweise zur Darbietung gehören und einen besonderen Effekt darstellen sollte.

“Bei moderner Kunst weiß man nie”, ließ sich ein älterer Herr vernehmen, “vielleicht soll das eine Performance mit besonderer Aussage sein?”

“Ja”, mischte sich ein anderer ein, “es ist vermutlich eine Kritik an unserer anonym gewordenen Gesellschaft und soll uns auffordern, wieder die zwischenmenschliche Begegnung zu suchen.”

“Komm mit mir ins Café”, grinste Gerda.

Das Publikum klatschte Beifall, und die Frauen verließen den Platz.

Ingeborg blickte fragend, als die beiden sich kichernd zu ihr an den Tisch setzten.

Gerda stellte die Musikantin vor.

"Immer wenn Rossa in unsere Stadt kommt, ist sie mein Gast und gibt mir Flötenunterricht."

Dann erklärte sie der Akkordeonspielerin, wer Ingeborg war, und umriß in knappen Worten die Begebenheiten, die sich in der letzten Zeit zugetragen hatten.

"Ich bin mir ziemlich sicher, daß es sich bei den angeblichen Polizeibeamten, die in der Ferienwohnung waren, um meine speziellen Freunde von der Sauberes-Land-Partei handelt. Mir ist es allerdings ein Rätsel, was sie dort zu finden hofften."

Rossa blickte ernst drein.

"Ich lasse dich keine Minute mehr alleine, sondern bleibe so lange da, bis sich alles geklärt hat."

"Danke, aber das kann noch lange dauern."

"Nein, in wenigen Tagen wird der Spuk beendet sein. Ich schlage vor, du übernimmst heute einmal die Rechnung für meine Creme-Schnitte, und ich gehe in den Kopierladen und zur Post."

Ingeborg sprach diese Worte in völlig ruhigem Tonfall, so als bitte sie lediglich um Zucker für den Kaffee. Ohne weitere Erklärung griff sie nach den Unterlagen und verließ das Lokal.

Der Hauptkommissar glich einem fletschenden Rottweiler.

"Die frühere Ehefrau von Professor Regensburger hat Krankenakten aus der Klinik gestohlen!"

Bauer senkte die Stimme.

"Er hat mir anvertraut, daß sie eine Schraube locker hat. Vor Jahren behauptete sie sogar auf dem Berliner Brustkrebs-Kongreß, sie hätte seine Habilitation geschrieben. Daraufhin flog sie hochkant raus und fand nirgends mehr eine Anstellung als Ärztin. Jetzt unterstellt sie ihm, unerlaubte Medikamentenversuche an krebskranken Frauen durchgeführt und dabei mit einer bedeutenden Pharmafirma zusammengearbeitet zu haben."

Clara blickte den Hauptkommissar fragend an.

"Begreifen Sie nicht die drohenden Folgen dieser Verleumdung?

Die Ehefrau war damals schon eifersüchtig auf den intelligenteren, erfolgreichen Gatten. Nun steht er kurz davor, die Wahlen zu gewinnen, und was kann einem Ehrenmann zu diesem Zeitpunkt Schlimmeres passieren, als so einer Tat verdächtigt zu werden? Wenn wir nicht schnell beweisen können, daß die Behauptungen nur Lug und Trug sind, ist die Wahl für die Sauberes-Land-Partei gelaufen."

"Sollten wir nicht einfach nur versuchen, die Wahrheit herauszufinden?"

Bauer bedachte sie mit einem verächtlichen Blick.

"Die habe ich Ihnen ja wohl gerade erklärt. Übrigens, der Staatsanwalt ist ganz meiner Meinung. Wegen der Tragweite dieser Angelegenheit wird er alles tun, um diese Möchtegern-Professorin so bald wie möglich vor Gericht zu stellen."

Der Richter runzelte die Stirn.

"Frau Hammermann, Sie haben sich freiwillig als Zeugin gemeldet und behaupten, nicht die Angeklagte, sondern Sie hätten die Tat begangen?"

"Ja."

"Mit welcher Absicht stahlen Sie die Akten?"

"Ich wollte wissen, ob ich wirklich nur ein Myom in der Gebärmutter habe oder möglicherweise Krebs und mir das keiner sagt."

"Aber dies waren doch eindeutig gar nicht Ihre Krankenblätter."

"Woher sollte ich das ahnen? Auf dem Umschlag stand ‚Streng vertraulich' und ich dachte, da steht bestimmt all das drin, was die mir nicht freiwillig sagen wollen."

"Es war Diebstahl!"

"Es kann doch nicht Diebstahl sein, wenn ich meine eigenen Untersuchungsergebnisse anschauen will."

"Es waren doch gar nicht Ihre."

"Woher sollte ich das wissen, bevor Frau Doktor Regensburger es mir gesagt hatte?"

Der Richter verdrehte die Augen.
"Wie lernten Sie die Angeklagte eigentlich kennen?"
"Sie saß zufällig eines Tages im Marktcafé mit mir am gleichen Tisch. Ach, sie konnte einfach wunderbar Gedichte rezitieren. Einen ganzen Nachmittag haben wir damit verbracht, uns Werke von Erich Fried vorzutragen. Kennen Sie Erich Fried, oder soll ich ein Gedicht von ihm aufsagen?"
"Nein, das sollen Sie ganz bestimmt nicht. Wie kamen die Unterlagen überhaupt in den Besitz von Frau Regensburger? Sie selbst befanden sich doch in stationärer Behandlung."
"Ich bat diese Dame", dabei zeigte sie auf Gerda, "den Umschlag mitzunehmen."
"Hat ihre Besucherin sich nicht über so einen Auftrag gewundert?"
"Ich habe ihr erklärt, daß es geheime Papiere sind, weil mir die Ärzte die Wahrheit vorenthalten wollen. Da versprach sie mir, alles der Frau Doktor zu geben."
"Nun ja, die Angeklagte ist zwar tatsächlich berechtigt, einen Doktortitel zu führen, aber sie praktiziert doch seit Ewigkeiten nicht mehr."
"Gerade deshalb vertraue ich ihr ja. Ärzte stecken doch normalerweise alle unter einer Decke. Ich wollte unbedingt wissen, wie lange ich noch zu leben habe."
"Aber sie sind doch gar nicht krebskrank."
"Das sagen die im Krankenhaus, aber denen glaube ich kein Wort."
Der Richter seufzte.
"Wollten Sie kompromittierende Unterlagen weitergeben, um dem Professor zu schaden?"
"Ich finde, er schadet mir, wenn er die Wahrheit verheimlicht. Vorsichtshalber habe ich jedenfalls ein Testament gemacht. Falls ich doch sterben muß, obwohl der Professor es vehement leugnet."

Der Richter faltete die Hände, als sende er ein Stoßgebet zum Himmel, und befahl der Zeugin, sich zu setzen.

Gemeinsam versammelten sich die Freundinnen in Gerdas Wohnzimmer, um Ingeborgs Freispruch zu feiern. Inzwischen wurde selbst im Radio berichtet, daß die Ärztekammer den Fall Regensburger prüfe. Journalisten wollten herausgefunden haben, die Versuchsreihen hätten dem Pharmakonzern dazu dienen sollen, ein bestimmtes Präparat schneller als die Konkurrenz entwickeln zu können. Im Gegenzug seien erhebliche Gelder zu Gunsten der Sauberes-Land-Partei geflossen.
Rossa balancierte auf einer großen Platte knusprige Hähnchenhälften. Anschließend servierte sie zwei Pfannen mit Bratkartoffeln und bot gekühlten Weißwein an.
“Ich bin nur die Lastenträgerin, wer diese Köstlichkeiten zubereitet hat, könnt ihr euch ja denken.”
Die Gastgeberin lächelte in die Runde.
Herta übertraf im Appetit an diesem Abend alle anderen. Der Staatsanwalt hatte trotz des Geständnisses auf eine Anklage gegen die seit einem Schlaganfall anscheinend etwas verwirrte Dame verzichtet.
An einem Hähnchenschenkel nagend wollte die Kommissarin wissen: “Sag mal, hast du wirklich dein Testament gemacht?”
“Klar, allerdings schon vor zwanzig Jahren.”
“Wie bist du eigentlich an das Material herangekommen?”
“Gerda hat mir erzählt, daß ihr das Haus des Parteiführers inspiziert habt. Also dachte ich mir, es könne nichts schaden, auch mal ein bißchen an seinem Arbeitsplatz herumzustöbern. Die Nachtwache ist für vier Stationen zuständig. Sobald die Schwester unsere Abteilung verlassen hatte, ging ich in sein Zimmer. Immerhin war es nicht einmal abgeschlossen.”
“Aber woher wußtest du, daß gerade diese Unterlagen unseren Moralapostel zu Fall bringen würden?”

“Ehrlich gesagt hatte ich keinen Schimmer, was dieses ganze Medizinerlatein bedeuten sollte. Ich nahm die Akten nur mit, weil ‚Streng vertraulich‘ darauf stand. Am nächsten Morgen wurde mir dann allerdings ziemlich mulmig zumute, schließlich sollte ich am Nachmittag auf dem Operationstisch des Herrn Professors landen. Deshalb wollte ich die Papiere auch so schnell wie möglich loswerden.”

“Wie geht es dir inzwischen gesundheitlich?” wollte Rossa wissen.

“Bestens, meine Liebe. Allerdings werde ich Ingeborgs Beispiel folgen und mich im Seniorenheim anmelden. Vielleicht dürfen wir ja ab und zu Gerda hier besuchen?”

Diese schüttelte den Kopf.

“Ich mache euch einen anderen Vorschlag. Was haltet ihr davon, wenn ich das Nebengebäude ausbauen lasse und ihr dort einzieht?”

“Das wäre wie im Märchen, wenn die gute Fee den größten Wunsch erfüllt. Doch wie willst du so ein Projekt bezahlen?”

“Im Frühjahr erteile ich den Bau-Auftrag. In meinem Garten liegen nämlich Goldstücke vergraben.”

Die Freundinnen lachten laut und hielten das für einen gelungenen Witz.

Gerda tischte Schokoladen-Sahnecreme zum Nachtisch auf und hob ihr Weinglas.

“Auf das Leben.”

Christiane Schwarze:

Geboren 1960 in Uslar. Lebt heute in Homberg/Ohm. Arbeitete langjährig als Logopädin in eigener Praxis, seit Unfall ausschließlich schriftstellerisch tätig. Aufgenommen in folgenden Vereinigungen: *Verband Deutscher Schriftsteller (VS), Literaturgesellschaft Hessen, BVjA und Schreibwerkstatt Marburg.*

Eine Besonderheit stellt das große literarische Spektrum dar, in dem sich die Autorin bewegt. Die Bandbreite reicht von Kurzgeschichten, Erzählungen, Lyrik, Lyrischer Prosa, Kurzkrimis, Märchen, Satire, bis hin zu Liedtexten.

Medienpräsenz in Fernseh- und Radiosendungen.

Über 100 musikalisch inszenierte Lesungen im gesamten Bundesgebiet, u.a. mit ihrem **Duo TonSatz.**

Fünf Bücher erschienen seit 1997 im Mauerverlag:

1997 Und zum ersten Mal liebte sie sich selbst
1999 Meine Tage wurden wie schimmernder Opal
2000 Ripp Wurzeltroll
2002 Frau mit Hund und Stock
2003 Losgehen und Möglichkeiten atmen
2013 Alle fünf Bücher als *Edition Christiane Schwarze* neu aufgelegt

Drei dieser Bücher wurden von der Deutschen Medienkommission ausgewählt und erschienen zusätzlich in Braille-Schrift bzw. als Hörbuchversion für Blinde.

Über 200 Einzelveröffentlichungen in Literaturzeitschriften und Anthologien. (Deutschland, Österreich, Dänemark, Schweiz)

Preise:

2000 Anerkennungspreis im Rahmen des *Wolfener Literaturpreises.*

2001 Siegerin bei *Story des Monats* beim Wettbewerb der *benchpress.*

2001 Beim *benchpress*-Wettbewerb *Kurzgeschichte des Jahres* Jurywertung und Publikumswertung jeweils zweiter Platz.

2003 wurde ihr Kurzkrimi *Tonerde* als einer der fünf besten Texte für den *Friedrich-Glauser-Kurzkrimi-Preis* nominiert.

2008 *Dorstener Lyrikpreis* vierter Platz.

2009 Zweiter Preis beim *Schreibwettbewerb des Ceranius-Verlages* und der *Literaturzeitschrift Veilchen.*

2012 Siegerin beim *Literaturpreis der Stadt Wolfsburg.*

2013 Zweiter Platz beim *Literaturpreis Antho? - Logisch!* (im Rahmen des LESEN!-Festivals 2013, in Kooperation mit der Stadt Fürth)

Tonträger:

2001 Als Wir Uns Trafen / Duo *TonSatz*
Musikalisch-literarische Hörbuch-CD
Mauer Verlag

2003 Losgehen und Möglichkeiten atmen / Duo *TonSatz*
Musikalisch-literarische Hörbuch-CD
Mauer Verlag

2013 Wie ein Augenzwinkern der Zeit / Duo *TonSatz*
Musikalisch-literarische Hörbuch-CD
Mauer Verlag

Information – Kontakt:

Website: www.christiane-schwarze.de
E-Mail: chrisschwarze@t-online.de

Bücher / Tonträger können über den Mauerverlag oder handsigniert bei der Autorin erworben werden.